愿你有梦为马，永远是少年

李桢航 / 著 /

浙江人民出版社

图书在版编目(CIP)数据

愿你有梦为马，永远是少年 / 李桢航著. —杭州：浙江人民出版社，2017.10
ISBN 978-7-213-08321-1

Ⅰ.①愿… Ⅱ.①李… Ⅲ.①李桢航－自传 Ⅳ.①K825.78

中国版本图书馆CIP数据核字（2017）第184208号

愿你有梦为马，永远是少年

李桢航　著

出版发行　浙江人民出版社（杭州市体育场路347号　邮编 310006）
责任编辑　徐　婷　钱　丛
责任校对　戴文英　王欢燕
封面设计　@verooo_xu
电脑制版　玛卡龙设计
印　　刷　河北鹏润印刷有限公司
开　　本　880毫米×1230毫米　1/32
印　　张　7.5
字　　数　106千字
版　　次　2017年10月第1版
印　　次　2017年10月第1次印刷
书　　号　ISBN 978-7-213-08321-1
定　　价　39.80元

一路成长，我喜欢越来越努力的自己。

目录

One

叛逆 Treason

Two

磨炼 Temper

Three

追梦 Dream

ONE

叛逆

像白云一样的父亲

提起父亲，每个人都有独特的记忆。有的人父亲脾气好，对他们很温和，会陪着他们做游戏。有的人父亲脾气差，或许会对他们又打又骂，甚至做出一些过激的举动。

但对我而言，关于父亲的记忆基本是一片空白，即便有那么一星半点，也是很模糊的。说出来大家可能不信，当看到其他孩子被他们的父亲追得满街跑时，我其实特别羡慕。我觉得哪怕是天天挨揍，那至少证明有过父爱啊。

每到作文课，语文老师让我们形容父亲时，同学便会用“高山”“大海”之类的词语，我却只能想到“白云”。在我看来，我的父亲就像一团白云，它远远地飘在天空中，虽然看得见，但始终摸不着。

记得有一年冬天，气温很低，路上行人稀少。放学后，我走在大街上，冻得不停地颤抖。走着走着，突然飘来一股香味。我扭头一看，街角包子店的胖老板正在给顾客拿包子。

包子上的雾气升腾着，透过雾气，我看到买包子的是一个长头发的青年男人。他穿着军大衣，戴着黑色的帽子。付了钱，他拎着装着包子的小袋穿过马路，向我的方向走来，然后和我擦肩而过，走到一个小孩身边。

男人将包子递到孩子手中，拍了拍孩子的脑袋。那小孩伸出藏在袖筒里的手，拿起包子大口吃着。我站在一旁，静静地看着他们，可能男人注意到我了，于是便拿出一个包子塞给我。我站在原地，久久没有伸手。

男人说："拿着啊，热乎着呢！"

我眼睛一酸，转过身跑了，跑着跑着，泪珠就挂满了脸颊。也许他不明白，我渴望的不是包子，而是那个为自己孩子买包子的父亲！

我很少见到父亲，因为他不经常回家。即使有时候回来了，我们也没有什么对话。我经常会胡思乱想，难道父亲不喜欢我吗？就如我画画的时候，其实很希望父亲能说句话，评价一下。画得好，好在哪里；画得不好，哪里不好。不管怎样，这都代表着父亲的关怀。可父亲顶多会说一句：不错。除此之外，再也没有其他的字字句句。

我对父亲最深的记忆，大概就是逢年过节了，每到这个时候，父亲都会带我洗个澡。我和父亲泡在水里，父亲闭目养神，我百无聊赖地拍水。只有当父亲给我搓背的时候，才会问问我：疼不疼？

有时候洗完澡，父亲还会带我去买一身新衣服。不过父亲只会带我去服装店，而不会帮我挑衣服，我的衣服大多都是自己挑的。每次我试衣服的时候，父亲也不会像其他父亲一样给出一些意见，我不问他，他就不说话；我问他，他就说还行吧。

我相信我的父亲一定是爱我的，正如每个父亲都爱他的孩子一样。不同的是，我的父亲太过沉默寡言，沉默到我都无法感知到这个男人的爱。我觉得父亲没有尽到一个父亲的责任，我希望他多爱我一点。

这个愿望后来实现了，但也成了我一辈子的噩耗。我六岁那年，父亲突然从外面回来，他破天荒地给我买了玩具，还有一些连环画。令我没有想到的是，他还打算带我出去玩儿。我不敢相信自己的耳朵，甚至捏了捏自己的脸蛋，拧了拧自己的胳膊。身体的痛感告诉我，这一切都是真的。

我们去了游乐园坐碰碰车，去了滑雪场滑雪。虽然玩儿的时候父亲还是没说什么话，但我已经很开心了。我不奢望父亲对我多么好，只是希望该有的陪伴不要缺失。

正当我沉浸在快乐的氛围中，以为父亲会更加爱我时，巨大的打击轰然而至。自从上次和父亲分别，我想过无数重逢的场景，但万万没想到会是在医院。我见到父亲的时候，父亲已经不省人事了，他好像睡着了一样。家人站在一旁，红着眼眶，呜呜地哭着。

我成了没有父亲的孩子！

上一秒是天堂，下一秒是地狱。逢年过节的时候，父亲不会再带着我去洗澡了。下过雪，父亲也不会再带着我去滑雪了……

我也能够明白，父亲肯定是得知自己患了重病不久于人世，才带我去玩儿。或许因为他对自己不善于表达父爱而愧疚，在临走之前想要弥补我一下吧。

父亲没有留下多少遗产，而这仅有的一点遗产，还引发了一场争执。最终，奶奶在争执中占得上风，遗产的归属不说自明。

家境变迁，世态炎凉，不禁让我心惊胆战。在那一刻我突然觉得，原来人性可以这么丑陋，为了财产竟然可以忽略亲情，甚至六亲不认。

父亲出殡后，我收拾父亲遗物时，发现了两套西装和几张照片。按照习俗，这些东西是要烧掉的，但我没有烧。我想，父亲什么也没留给我，这些东西就算是他给我的最后的礼物吧。

以前，我总喜欢找一些关于父亲的歌听，听完之后就哼唱起来。到了后来，每当再听到像崔京浩的《父亲》、腾格尔的《父亲和我》此类的歌曲时，我都会紧紧地捂住自己的耳朵，生怕那煽情的歌词刺痛我的心。

但我清楚地记得，那次元旦晚会，我报名演唱了一首歌，是 Beyond 的《真的爱你》。去学校的时候，我穿了父亲那套橘黄色的西装。西装很大，穿在我身上既有些滑稽，又有些另类。

从我家到学校有一条必经之路，而那条街是臭名昭著的红灯区。我飘忽地走在马路中间，两边坐满了小姐。她们在大冬天依然袒胸露乳，并且冲我招手，同时嘴里念叨着一些不堪入耳的词汇。我脸上火辣辣的，不由自主地加快脚步。

到了学校，大家上下打量着我，接二连三地投来异样的目光。我仿佛成了一个外星人，无意间闯入了地球人的家园。到我上场时，台下只有稀疏的掌声，甚至还有个别同学吹起了流氓哨。

我不管不顾，沉醉在自己的世界里。当歌曲的前奏响起，我泪眼婆娑。

春风化雨暖透我的心
一生眷顾无言地送赠
是你多么温馨的目光
教我坚毅望着前路
叮嘱我跌倒不应放弃
……

这首歌原本是写给母亲的，但此刻我把它献给我的父亲。

慢慢地，我似乎进入了时空隧道，在隧道的另一端，我看到了一团白云。我抬起双脚飞了过去，然后伸手摸了摸，我摸到了云，也摸到了父亲……

画画，是我与世界交流的方式

如果童年可以用颜色表示，我相信很多人的童年都是五彩斑斓的。关于童年，永远是说不尽、道不完。

童年是天真无邪的，每个人都经历过这样简单的世界，或许一个苹果、一颗弹珠都能让我们开怀大笑。童年也是充满希望的，它像早晨的太阳一样，蕴含着无限的生机。

很多时候和朋友聊天，大家都很乐意聊一聊童年时期，他们有难以忘怀的小伙伴，有印象深刻的好玩的事情。每当大家神采奕奕地一边回忆一边聊天时，我就特别羡慕他们，我想成为他们口中的“我”，去体会童年的美好。因为我自己的童年，乏味而孤独，并且充满了压抑和动荡。

我是一个内向的人，从小不喜欢说话，我也曾想过为什么我这么木讷，大概是因为自卑吧。

我没有兄弟姐妹，跟其他小朋友发生冲突时也没有帮手，因此常常受欺负。别人欺负我，我无力反抗，只能是哑巴吃黄连——有苦说不出。

在学校的时候，每当学校统计学生家庭情况，会让父母离异的同学举手，这时班里就只有我一个人举手。尽管我把手举得很低，可全班同学的目光还是会齐刷刷地射向我这里。

还有一次学校动员学生捐款，老师告诉我们捐款多么光荣，一毛不拔多么可耻。我向姑姑要钱，姑姑不给，我就只能空手去学校。老师见捐款簿上没有我的名字，让我站起来并质问我，我说没有钱，老师便把我揪到讲台前面站着。

自卑让我沉默内敛，但我身体里又充满能量，能量总要找到合适的缺口爆发出来。于是，我喜欢上了画画。

那时每到寒暑假，母亲为了防止我乱跑，会在上班时把门锁上。当我醒来透过门缝看见那把锁，就感觉像是与世隔绝了一般。

我洗漱完毕，就掀开锅，开始吃母亲给我留的饭菜。吃完后，无事可做，也不想写作业，我就打开电视机看电视。我记得我们家电视机就两个台，一到下午五六点钟就开始放动画片。

也就是在下午五六点钟，院子里的小朋友开始出来玩耍了。我坐在窗户旁，透过一层玻璃看着他们蹦蹦跳跳，追逐嬉闹。

他们脸上挂着笑容，好像自由自在的鸟儿，即便有人摔倒了也不哭泣，站起身拍拍土继续玩耍。我听着他们叽叽喳喳的声音，内心不免一阵失落。我每天就这样孤独着，从日出到日落。

后来我觉得日子很无聊，就趴在桌子上与纸和笔对话，也就是画画。人家说内心孤独的孩子有很强的想象力，对此我很认同。

当在现实中遇到不如意的事情，我总会在内心构筑一个我满意的世界。在那里有充足的阳光，也有盛开的花朵；有波涛汹涌的大海，也有一望无际的沙漠；有友好温和的朋友，也有亲切慈祥的老师。

俗话说“功夫不负有心人”，画得多了，熟能生巧，我得到了很多人的认可。小学的时候，美术老师夸我有天赋，还推荐我画班里的板报。我也不负众望，在班级评比中拿到了很好的成绩，最后还拿到了我们市的板报比赛一等奖。

我在画中所用的颜料都是比较鲜艳的，我最喜欢画的就是大海。每次画好一幅画，我都会把它贴到墙上。我觉得我的画是有生命的，世界上总有一处地方存在于我的画中，也许未来某一天，我就会去到那里。

我喜欢画画，因为这是我与世界交流的方式。

水井

小时候我的生长环境是大杂院，院里住着七八十户人家，在院子的中间，有一口水井。每当天气晴朗，大家便围绕着水井劳作生活，洗衣粉、洗洁精的味道和阳光打在身上的轮廓，构成了一幅立体永恒的画面。

我家住在二楼，用水不是很方便。为了避免来来回回打水，我家厨房准备了两个盛水的东西，一个是土黄色的大缸，还有一个是塑料汽油桶做成的水桶。打一次水，我们可以用好几天。

那时候母亲体格健壮，提着水桶能一口气从水井边上走到楼下，再经过很高的楼梯还有木头走廊，把水倒在缸里。每次听到哗啦啦的倒水的声音，我都有种安全感。

水井除了提供水源，还有其他作用。平时工作时，大家很少能见面，而每家每户总要打水，于是水井成了邻里之间交流的纽带。因为几十户人共用一口水井，所以有时会出现非常热闹的景象。

每天清晨，大家开始在水井边排队刷牙洗脸，到了晚上，则要淘米做饭洗衣服。反正闲着也是闲着，大家便开始聊家长里短，偶尔还会发生一些争吵。

有些邻居有着“长舌妇”的称号，他们时常窃窃私语，专门叨咕那些破事。譬如谁赚钱了、谁离婚了、谁昨天晚上打架了。而我那时就知道寡妇门前是非多的道理，每次我去打水的时候，他们都会投来异样和可怜的眼光。

有人说这孩子真是命苦，有人说这孩子挺懂事，说什么的都有。面对他们的议论，我像个哑巴一样。即使有特别想说的话我也不说，只是在内心翻滚着自己的情绪。

我记得水井旁边有一个公共厕所，女厕所我不知道什么情况，但男厕所让人感到十分恶心。每次进去的时候，都得踮着脚，不然就会沾到地上的黄尿。而大便的时候，又要担心踩到旁边的脏物。

因为地面积聚了小便，所以有种很浓的臊气，有时候感觉鼻子都喘不过气来。我想可能男人本身就不那么讲究卫生，但更主要的原因是大家觉得厕所是公用的，都不在意。

心理学上有个“责任分散效应”，就是说对于公共物品，每个人都觉得别人会爱护的，自己不爱护没有关系。大家都这么想，因此造成了都不爱护的局面。倘若是自家厕所，难道还会这样吗？

我还记得那时有监狱的犯人出来劳动，几乎都会来水井附近施工。那些犯人皮肤黝黑，肌肉发达，干起活来青筋暴起。他们光光的脑袋和胳膊上粗糙的刺青让我印象深刻，我总是偷偷地看他们，内心充满着恐惧的同时又觉得他们挺酷。

时隔十多年，我又开始了水井生活，但这次不是群居。我后来去内蒙古的时候，见到了一口碱性水井，这是真正的很原始的水井，上面没水龙头。

水井深三十多米，周边由石头砌成。因为那里是沙漠与戈壁滩，所以牧民挖这口水井并且还砌了石头，完全可以用伟大的工程来形容。

打水是最考验体力的活，需要将水桶扔在水井里，然后慢慢往上拉拴住水桶的绳子。绳子是很粗的麻绳，水桶加上绳子被水浸湿的重量有四五十斤，如果力气稍微小一点，就没有把握能提上来。我觉得提水的动作非常美。

水井是牧民家的，他们家一共两口人。老母亲七十来岁，不知是基因问题还是多年的劳作，她的腿是罗圈腿。她看上去非常健壮，毫不夸张地说，她一口气就可以把水提上来，而且心率呼吸相当平稳。当时我二十岁左右，正值年轻力壮，况且练健美运动已经很久了，但我尝试一口气提水，觉得真是有点辛苦。

水井和他们家有一段距离，老母亲若是提着水桶走到厨房，便会稍微有点喘息。在戈壁滩，那日照、风沙以及骆驼群喝水的样子，和老母亲提水呼哈呼哈的声音交相辉映，构成了永恒的画面。

老母亲有个儿子，他脸上总是红扑扑的，喜欢穿着褪色的墨绿色军装站在羊圈旁傻笑。他喜欢看母亲打水，貌似在他的心里，母亲是世界上最伟大的物种，而且永远健壮。

也难怪老母亲说，生下这娃时是在沙漠里，当时带着骆驼群走亲戚，突然小腹不适，她把羊皮毯子放在地上，骆驼群跪下围成一圈，老母亲一使劲，一个生命就诞生了。老母亲用剪刀剪断脐带，把孩子背在后背，继续骑上骆驼

远行。听起来那么伟大、那么倔强，但老母亲的叙述却是那么平淡无奇。

当时我一个人住在沙漠的帐篷里，每天会有意无意地开着皮卡车去看看这口水井，我觉得这是生命的象征。我喜欢盯着井底看，总感觉里面会有伟大生命的神秘迹象，一看就入神，每次能看二十来分钟。偶尔我也会扔下小石头听听扑通扑通的声音，通过幽深的井壁反弹的回响，会让我毛骨悚然，也让我充满惊喜。

这口水井不太完美，因为都是碱性水，每次倒进水盆都会有白白的一层芒硝。如果直接饮用，会引起身体的不适；如果直接洗衣服，有些布料的衣服可能会被腐蚀。后来，我得知远在七八十公里的地方有口淡水井，便经常和老母亲的儿子一同前往那儿打水。

从小到大，我对水井都有一种很深的情结，我觉得水井有很强的生命母体的迹象，起码人类最早的生命是在水里诞生的。我热爱水井，也对水井充满了敬意。

无私的母亲

每次想到母亲，我内心都百感交集。毫无疑问，我的母亲爱我，但我一直觉得母亲太过于爱我了。有时这种爱会成为一种束缚，让我感觉生活在牢笼里面。曾经有很长一段时间，我都想摆脱这种束缚，做回真正的自己。

小时候，母亲对我的爱近乎溺爱，她不允许我受到一丝一毫的伤害。当我跟别的小朋友发生争执时，母亲会急忙出面跟人家理论甚至动手。当我要去北京时，母亲会跟我说，你要是去北京我就不活了。

正是因为母亲这样爱我，才让我时常有种无法决定自己命运的无力感。就如去往北京，那是我的梦想，我迟早会去，可母亲认为我离开她将无法自力更生。母亲以死相逼，我只得乖乖就范。母亲越是爱我，我越是感到压抑，一时半会儿无法报答母亲对我的爱，唯有服从。

我对母亲又爱又恨，这种“恨”并不是一种痛恨，而是一种埋怨。我埋怨母亲为什么竭尽全力地呵护我，不让我经历生活的磨难。我埋怨母亲为什么不趁早放手，让我去外面闯一闯。

不过话说回来，埋怨归埋怨，我对母亲是非常感激的。敲下这些字的时候，我专门上网搜了一下古今中外歌颂母爱的名人名言，看完之后我发现堆叠在一起也无法表达母亲的伟大。

如果没有母亲的忍辱负重和辛勤劳动，我很难想象当初我会变成什么样子。如果没有母亲，我也根本不会有今天。

虽然以前我家庭条件不好，但有吃有喝，穿得也不比别人差，而这一切都得益于我的母亲。母亲勒紧裤腰带，宁愿自己过得苦一点，也要把最好的东西都给我。

我以前爱吃煎饼，爱吃豆腐脑，爱吃猪尾巴根。煎饼、豆腐脑比较便宜，我嘴馋了母亲便会带着我去集市上的小店。猪尾巴根呢，稍微贵一些，不过很巧的是母亲所在的纺织厂里有卖猪尾巴根的。

因为是食堂供应，价格比外面低，所以每周母亲都会带我去厂里吃一次猪尾巴根。在印象中，我吃猪尾巴根的时候母亲都只是在一旁看着，我吃完了她就会问我有没有吃饱，要不要再吃一个。我比较懂事，我知道这玩意儿一星期过一次瘾就可以了，哪能当饭吃呢。我会说，吃饱了，不吃了。母亲看着满嘴油光的我，便露出灿烂的笑容。

有一次，街上新开了一家拉面馆，卤肉的香味弥漫着整条街。我走着走着，突然感觉香气扑鼻，然后就走不动了。

母亲看我直勾勾地看着拉面馆，就问我是不是想吃了。我说："我就是看看。"母亲拉起我的手，说："都快流口水了，走，我带你去吃。"

我们走进去，点了卤肉拉面，两块五一碗。面上来后，我迫不及待地吃了起来，面很筋道，而且汤香味浓。

我呼哧呼哧地吃着，三下五除二就吃掉了大半。我看看母亲，问道："妈，你吃不吃？"母亲说："我不吃。"当我吃完准备走时，母亲端起大碗，说："儿啊，等我一会儿，我尝尝这汤怎么样。"接着，我看到母亲咕嘟咕嘟地把一碗汤全喝了。

父母离婚后，我跟着母亲生活，一到冷天，洗澡就成了问题。年龄比较小的时候，母亲会带我去女浴区洗澡，当然那时不懂事也没人在意。我长大后，母亲总不能再带我去女浴区了，怎么办呢，总不能不洗澡吧？这时她便站在大众浴室门口，求不同的男人带我进去洗个澡，给我搓个背。

我家住在二楼，我们吃水依靠院子里的那口井，因此母亲要天天从楼下提水上来，倒进我家的大缸里。当有些生活污水需要处理时，母亲又要挑着污水下去。

有一次，母亲提水的时候一不小心从楼梯上滚了下去。母亲一瘸一拐地走到家里，让我用毛巾浸上冷水帮她敷一下。可能是刚摔时麻木了没有知觉，所以感觉没那么疼。可过了一晚上，母亲的小腿肿得像个气球一样，一下床就钻心地疼。

到了医院，医生说母亲的小腿摔断了，粉碎性骨折。母亲的小腿缠了绷带，打了石膏，因为不能走路，所以母亲没有回家，而是住到了医院里。

那一刻我突然感到天昏地暗，仿佛世界都要崩塌了，我哭了一天，连饭都没吃。

次日，我放学后到了医院，看到母亲躺在病床上，孤零零的，也没人照顾。我鼻子一酸，哭着说："我不去学校了，我要等你好了再去。”母亲听我说出这话，就开始教训我，说：“你要是不上学，我就生气，我一生气病就好不了。”

老人常说“伤筋动骨一百天”，几个月后，母亲可以下地走路了，不过有些跛脚。尽管如此，母亲还是坚持工作，因为她知道，一天不工作，就一天没有收入，我的生活就会受到影响。

从小到大，我经常听别人说母爱是无私的。说实话，这些东西我都在作文里写过，但写的时候根本不懂其中的含义。现在我懂了，所谓无私的爱，就是不求回报的爱，就是义无反顾的爱。

不管你高矮胖瘦，不管你有没有出息，母亲始终是你的母亲。她不在乎你能飞多高，只会在乎你在飞的过程中累不累。她不指望你荣华富贵，只希望你一生平安，快快乐乐。

这就是母亲，无私的母亲！

从“坏学生”变成“好学生”

前几年有则新闻刷爆网络，新闻称某所实验小学给学生佩戴了红领巾和绿领巾，成绩好的学生戴红领巾，成绩差的学生戴绿领巾。

一石激起千层浪，很多人都对这则新闻发表了评论，有人赞同，有人愤慨，有人觉得无可厚非，有人觉得这是教育暴力。

其实这样的事儿并不罕见，我相信每个人都亲身经历过，只是我们没有戴红领巾、绿领巾，而是被分成了好学生和坏学生。好学生很受欢迎，爱学习，又听话，在每次考试中能为班级取得荣誉。老师宠爱他们，同学羡慕他们。而坏学生正好相反，老师恨铁不成钢，经常骂他们拖后腿，同学也会对他们敬而远之，生怕影响了自己。

不幸的是，在小学的时候，我成了不折不扣的坏学生。我脑子不笨，但对学习、考试有一种抵触情绪，每当看到书本上密密麻麻的文字，或者试卷上一个个的问号，我就感觉掉入了无底深渊。周围是一片黑暗，黑暗之中，一双双绿油油的眼睛恶狠狠地盯着我。

好学生有好学生的圈子，坏学生也有坏学生的圈子。好学生围在一起，大多是谈论题目；而坏学生围在一起，那谈论的东西就多了去了，好吃的好喝的，好玩的好用的，哪个女生漂亮，哪个老师脾气大，等等。

好学生一般是不愿意跟坏学生说话的，即便在走廊上面对面，也不会点头打个招呼。大家像是生活在两个世界的人，彼此井水不犯河水，只有在体育课玩耍的时候，才会有些交流。

中国有句古话，叫作“三十年河东，三十年河西”。恐怕连我自己都没有想到，时过境迁，我摇身一变竟然从倒数几名变成了尖子生。老师对我欣赏有加，赞不绝口，说我聪明过人，以后肯定能上大学。不同的是，同学并没有羡慕我，反而因为我成绩变好引起了一阵危机。

无论是好学生还是坏学生，他们都不理我了。坏学生认为，我成绩变好了，不属于他们的阵营了。他们内心的感觉可能像《少年闰土》里面的闰土见了迅哥一样，隔阂是不可避免的。

而好学生呢，认为我欺骗了他们，因为平时我们有时会一起打球，他们觉得我表面上跟他们一起玩，背地里肯定偷偷学习了，所以也不理我。但说实话，我并没有背地里用功，我回家从来不学习。老师布置了多少作业，我就做多少作业，多一点都不会做。他们的的确确误会我了。

我一时间找不到自己的归宿，其实就是被大家孤立了。我像是一只母鸡，却无端下出了鸭蛋，晚上回窝的时候，鸡群不待见我，鸭群也不欢迎我。

我考进前三名纯属意外，但这美丽的意外把我彻底推上了好学生的行列。古人说“取乎其上，得乎其中”，成为好学生后，我面对着各种夸奖，自然会多下点功夫学习。

随着成绩的稳固，老师让我担任了物理课代表和美术课代表，我一时春风得意，风光无限。老师还经常让我去他家，给我补习功课。换句话说，就是给我开小灶，我也破天荒地获得了老师的关爱。

与此同时，有好多女孩子开始追我，像我这样长得又帅成绩又好的男生，自然很抢手。面对着她们的追求，我一概拒绝，我的心里只有学习。因为，我是一个好学生！

从“好学生”变成“坏学生”

历史告诉我们，打江山容易守江山难；老师告诉我们，学习如逆水行舟，不进则退；历史老师告诉我们，学坏容易学好难。

我短暂地尝试了一下好学生的滋味后，又迅速回到了坏学生的行列。当然，这不是我念旧情，更不是我智商下滑听不懂课，而是我的思想发生了很大的变化。

父母离婚后，我和母亲相依为命，但是我们居无定所，过着颠沛流离的生活。那段寄人篱下的日子我记忆犹新，今天住在舅舅家，明天可能就要搬到小姨家了。

住在亲戚家，自然没有住在自己家舒心自在。自己家虽说不是金碧辉煌、豪华奢侈，但至少有一张床可以睡，而我自从离开了家，就算告别了床。

我经常睡在地板上，地板上铺张席子，上面放点被褥。夏季的时候倒还好，可到了冬季，外面天寒地冻，屋里没有炕，也没有暖气空调。

晚上睡觉的时候，我冻得蜷缩成一团，感觉被窝像是一个冰窖，怎么暖也暖不热乎。到了早上起床，我的双脚冷冰冰的，就连放个屁都觉得像是一股冷空气。

日子不好过，母亲就想多赚点钱，让日子好过一些。于是每到周末，母亲便会带着我去给人家擦玻璃。

雇我们的都是大户人家，他们住着小洋楼，家里装修得富丽堂皇。擦一次玻璃，人家会给个三四十块钱，两天我们能赚到差不多一百块钱。

有一次，我正擦着玻璃，突然看到几位同学朝这里走过来。我脸上火辣辣的，想要找个地缝钻进去，但工作没做完又不能走，我只能硬着头皮装作没看到他们。

当他们走近时，便向我打招呼：“桢航，你们家住这儿啊？”出于虚荣心，我回答说：“对啊！”说完之后，我心里感到一阵疼痛，其实我哪住得起这么好的房子呢，我只是给人家擦玻璃而已。

让我更加感到心痛的，是我的母亲。母亲的身材有些臃肿，爬上爬下很费事儿。有一次，母亲擦完了玻璃的底部，便一只手扶着墙，一只手拉着窗户，想要爬上去站在窗户边沿擦上面。可她的手突然之间滑了一下，整个人扑通摔倒在地，我急忙过去扶起她，她拍了拍身上，告诉我没事。从那之后，只要遇到高的地方，我都会爬上去擦。

我们擦完玻璃，有的人家比较慷慨，见我们累得满头大汗，除了给钱，还会给一些吃的喝的。而这个时候，我比较倔强，是绝不愿意接受这些东西的。我接受他们的好意，但接受不了自己的卑微，我觉得我的人生不应该这样，我不想要这样的生活。

每天擦完了玻璃，母亲回到亲戚家里，依然要干活。可能是寄人篱下的缘故，总要看人家脸色行事。虽说舅舅、小姨他们和我妈是亲兄弟姐妹，但舅妈和姨夫终究和我妈没有半点血缘关系。待在人家那里，要是不勤快一点，免不了受人诟病。

每次看到母亲擦完玻璃回来还要擦桌子扫地、刷锅洗碗，我就很难受。母亲再坚强，也是一个女人啊！我知道母亲所做的一切都是为了我，她之所以这么辛苦，就是想给我提供一个好点儿的环境。我不缺学费，不缺新衣服，但我心里一点都不开心，我见不得母亲受委屈。

有一次过生日，母亲问我想要什么生日礼物，我很诚实地说想要一辆自行车。结果我一说不要紧，母亲把它当作圣旨一样，想方设法地为我实现生日心愿。为了这事儿，她向一个陌生的男人借钱，这事儿彻底刺痛了我。

我时刻提醒自己，我是一个男人，男人不能让自己的母亲低三下四地求别人。这样的想法越来越激烈，求人不如求己，于是我就萌生了自己找工作的念头。

初二的那个暑假，我通过打听，得知有一处工地正在招搬运工，月薪两三千块钱。我满心欢喜，觉得自己很快就能赚钱了，我想等赚了钱，要给母亲买很多好吃的。

我去应聘的时候，专门脱了上衣光着膀子，并在上面涂了一层油。走在阳光下，我浑身发亮，肌肉线条更加明显。

果不其然，这招很快就奏效了，工头见我这么壮实，当即拍板要了我。正当我兴致勃勃地搬砖时，不知是哪位火眼金睛的大爷多嘴，说我是童工。工头见状，也不敢用我了，只能作罢。

我不甘心，又去找了其他机会，很遗憾最终我没能赚到一分钱。现实的残酷让我感到一阵沮丧，精神头儿也大不如从前了。

我开始有些颓废了，经常逃学去外面打球、上网，仿佛只有挥洒汗水或者沉浸在虚拟世界中的时候，才会感到一丝安全和舒适。

只不过母亲对我的管教十分严厉，她只要晚一会儿见不到我回去，便到处找我，甚至披头散发、声嘶力竭地找。

在现实的失意和母亲的管束之下，我得了神经衰弱这种病，开始失眠。很多人都是人到中年、压力很大的时候才会体会到失眠的滋味，而我十几岁就饱受失眠的折磨。

一到夜里，我辗转反侧，怎么都睡不着。我明知道晚上睡不着，第二天精神肯定不好，但还是没有办法。而且越是这么想，就越是睡不着，越是暴躁。

我失眠时喜欢想一些事儿，具体来说应该是对未来的规划。三百六十行，行行出状元，而我未来要做哪一行呢？我得尽快确立目标，确立了目标才能为之奋斗。

我想，要不当企业家吧，定个小目标，先赚他几个亿，赚了钱就能过上好生活了。但转而一想，赚了钱又怎样呢？我得做个艺术家，能够在百年之后留下一点东西，至少能证明自己来过这个世界。

我很天真地规划着未来，并且怀疑现实中的一切。大家经常说，要好好学习，等考上大学就能过上好日子了。

可这是真的吗？如果我要继续上学，那么高中、大学的学费、生活费必定是一笔很大的开支。

这么多年不挣钱反而还要花钱，而且花的都是我母亲一点一滴赚来的辛苦钱，于心何忍啊！

我脑子里突然闪过一个想法：我不能上学了。我还想出了很多支持我这一想法的理论。

我想，这世界上有很多人没什么文凭，不照样过得很好吗？只要有才华，肯努力，条条大路通罗马。那所谓的“万般皆下品，唯有读书高”，只是读书人的自我安慰罢了。

弃学的想法犹如一个小火星，在大风的吹动下慢慢变成一团烈火。我不能明目张胆地屡次逃课，便像个行尸走肉一样。人家上学放学，我也上学放学，但我去了跟没去一样，因为我压根就没听老师讲课。

这样过了一段时间，效果“立竿见影”，我的成绩一落千丈。由于之前的苗头很好，老师对我很重视，看我这么不争气，老师又开始敲打甚至骂我。

为了拯救我，老师还免费让我去他家补习功课。但很对不住老师的是，只要补课，我就会睡着。

说来也奇怪，我失眠那么久，竟然被老师给治好了。老师看他自己在上面累死累活地讲课，我在下面一动不动，都要气疯了。能怎么办呢？我都决定了，我不学了，老师也束手无策。

到了中考之后填报志愿的时候，我一根筋地报了职业高中。在很多人眼里，重点高中才是通往大学的必经之路，职高只是坏学生聚集的垃圾场。

考完试学校组织了一场家长会，而我没有参加。我背着书包，带着从表妹那里拿来的随身听，孤身一人去了山里散步。

大山里空无一人，风呼呼地吹着，树叶沙沙作响。我戴上耳机，将随身听的音量调大，漫无目的地往前走着。

我仿佛刚刚经历过一场没有硝烟的战争一样，感觉身心疲惫，我知道如果选择这条路，那么还将继续疲惫下去。然而不选择这条路，又不知道何去何从。

我第一次有了迷茫的感觉。我想了很多，想什么东西已经记不太清了，但我记得回家之后，我将书本堆成了一个小坟堆，然后一把火烧了。看着燃烧的书本，我心中五味杂陈。

我辍学了

前段时间，我特别爱听崔健新专辑中的《外面的妞》，我相信每个人都有这种想要逃离的感觉。

就像歌里面唱的一样，我希望有一位美丽的妞，她牵起我的手，带我远走高飞。我不知道外面的世界到底是什么样的，可我隐隐约约觉得肯定是我向往的。

初中毕业后，我有种强烈的愿望，那就是离开家乡。至于具体去往哪里，我不清楚，总而言之是越远越好。我想过出国，但这只是一个遥不可及的梦，以我家里的条件，是不可能送我出国读书的。

时间过得很快，一转眼就到了 9 月，我开始去往市里读高中。说实在的，刚开始我很不习惯，脱掉了家乡的保护壳，让我有种无所遁形的感觉。

那时以为出了门就是自由，却没想到一个地方有一个地方的不自由，一个阶段有一个阶段的不自由。

我偶尔也会想家，想我的母亲。每当晚上出去散步，看着万家灯火一片通明，思念之情便会袭来。以前总觉得家是一种束缚，可那时更加觉得家是一种依靠，是我永远的港湾，无论在外面过得好与不好，我都还有个家。

年少的时候感情永远是那么丰富，但时间不管这些，它总会让我成长。慢慢地，我就习惯了一个人的生活。

我的同学来自四面八方，一向沉默内敛的我逐渐变得开朗起来。我原以为一切都会好起来，在这里我能学到很多我想要的东西，能交到很多不错的朋友，可事与愿违，我还是要面对很多不堪的事情。

同学里面有一些看上去痞里痞气的人，他们的穿着与众不同，很有个性，各方面都特立独行。这样的学生是老师比较讨厌的，也是老师重点“照顾”的。

我和老师的观点不同，我感觉他们很酷，身上有种难以抗拒的魔力。他们不墨守成规，也不是千人一面。他们喜欢抽烟，于是我也学会了抽烟，我知道抽烟有害健康，但我就是想用这种方式来表达自己的愤怒和反抗。除了抽烟，我还学会了打架，我之所以打架，主要是出于自我保护。

我从小家境不好，很多同学都会对我冷嘲热讽。俗话说“良言一句三冬暖，恶语伤人六月寒”，语言的威力是巨大的，它能轻而易举地让一个人的心理防线瞬间崩塌。

人家骂我，我怎么办，忍一时风平浪静吗？没错，我以前就是这样想的，我安慰自己说，没什么大不了。但是“奉之弥繁，侵之愈急”，我不反击，他们就以为我怕了他们，因而变本加厉。我和他们理论，他们置之不理，充耳不闻，甚至还故意提高嗓门来压制我。我无路可走，最后想想还是打架吧，你不是不闭嘴吗，那我就打到你闭嘴。

那个阶段我的心理有点扭曲，我一度认为道德只是用来保护弱者的，这个世界弱肉强食，如果每个人都很强很能打的话，要道德有什么用呢？当然这种看法是幼稚且偏激的，因为我们生活在现代社会，道德标准是一个社会是否文明的标志之一。

话说回来，高中之前很多人挑衅我，到了高中也是一样。有些同学是市区的，家里比较有钱，也比较任性。由于大家性格有差异，习惯也不同，他们本来就有很多看不惯我的地方。后来，当他们知道了我的家境时，便开始拿这些说事儿。

有时候我就想不通，我没有招你惹你，你怎么就非要找我麻烦？我家里没钱，没错，可我碍你的事儿了吗？我父母离婚，也没错，可跟你有什么关系？何必专门来踩我一脚呢？难道只有侮辱我一番才能找到自己的优越感吗？

不过也很奇怪，我对你百般讨好，你不依不饶，我揍你一顿，你反而低眉顺眼了。我那时尝到了打架的甜头，当我攥着拳头的时候，谁都敢欺负我，当我把拳头挥出去的时候，谁都会尊重我。

现实的不如意让我饱尝自卑的滋味，我没得选择，但我是一个自尊心非常强的人，我必须要保护自己。

我跟别人打架，并不是因为喜欢打架。那时电影《古惑仔》正流行，很多年轻的小混混嚷嚷着打打杀杀，我并不觉得这样很帅，我打架是因为他们的某句话刺痛了我的心。我实在受不了，这会影响到我的情绪，影响到我的生活，我只能让他们闭嘴。

说到这里，可能很多人会很疑惑，你这么打架难道学校不管吗？管，当然会管，学校不仅管，而且还会使出撒手锏——请家长。

母亲知道我在学校的情况后很伤心，她还把我带回家去教育，但我觉得，即便是我妈，也不会了解我打架时复杂的心情。

如果说打架是我辍学的定时炸弹，那么跟老师顶嘴就是导火索。

那位老师仪表堂堂，看上去一身正气，只不过人不可貌相，他是什么样的人谁知道呢。我只知道他儿子做出了伤天害理的事儿，俗话说“上梁不正下梁歪”，他肯定也存在一些不足之处，至少在家庭教育上。

好事不出门，坏事传千里，这件事可以说尽人皆知。他儿子把我们学校的一个女生搞怀孕了。

我见过他儿子，脑袋大脖子粗，顶着一个小平头。因为平时的作风问题，他儿子被别人称为“色魔”。色魔和我差不多大，那时候也就十五六岁，老师不想这么年轻就当爷爷，于是私下就把这事儿给了了，然后天天若无其事地上课。

那天上课铃刚响，一个成绩很好的同学发作业的时候将我的作业本扔到了地上，我不知道他是不是故意的，但我觉得他是故意的。

我说：“捡起来。”他瞥了我一眼，似乎在说，你他妈算老几！他扭过头，往前走去，我又说了一句。结果他说：

“你自己没有手吗？”听到这儿，我心里很是不爽，于是就上前推搡了他一下。

一来二去，我们就扭打在一块了，结果这个时候老师进来了，二话不说，连谁对谁错这样最基本的事实也不问，上来就把我拎了起来。

老师开玩笑一般地讽刺我，同学们在下面哈哈大笑。老师讽刺完，总结道：“一颗老鼠屎坏了一锅汤。”我这时忍无可忍，便不卑不亢地喊道：“我再烂也比你好，你连儿子都教育不好，有什么资格说我！”

我这么一说，老师下不来台了，他没想到我有胆量顶撞他，更没想到我当众揭他伤疤。他气得浑身发抖，举起书想砸我，并厉声说道：“滚！”我走到座位上，收拾好书包，说：“滚就滚，我还不愿意听你讲课！”

走出教室，微风拂过我的脸颊，我感到一阵舒畅。我想象不出老师之后的样子，或许他会对我大加批判吧，说我是害群之马，说我这辈子都没有出息。但这不重要了，重要的是，我辍学了。

第一次
喜欢一个人

我改变不了别人的价值观，也改变不了学校里的规章制度，但我不想改变自己。或许离开学校本来就是命中注定，只是来得或早或晚而已。

离开学校后，我整天窝在家里，百无聊赖。我最常做的一件事就是睡觉，白天睡，晚上也睡，好像我这辈子最缺的就是觉。可能是上了这么多年学，无数次起早贪黑，让我困倦不堪吧。

在家待久了，我也会出去走一走，有时情不自禁地就走到了学校附近。晚自习的时候，教室里面的日光灯静静地亮着，电风扇呼呼地吹。我站在学校外面，仰望着教学楼，犹如一个无处可去的孤魂野鬼。

下了自习，大家便三五成群地出来跑步锻炼，买零食、买饮料。在某个瞬间，我竟然会怀念以前的日子。可能人就是这样吧，即便再不喜欢，毕竟也养成了校园生活的习惯。

一段时间后，我觉得也不能总是闲着，得找个工作，于是就经常去大街上转悠。我一边转悠，一边留意街道两旁的店铺门上有没有招聘信息。不久，我就得到了去一家服装店打工的机会。

店里的衣服很时尚，为了符合服装店的气质，我每天也都会换一身比较时尚的衣服。但说真的，刚开始我的销售技巧并不怎么样，有时候客人讨价还价我都不知所措，当客人故意说衣服有瑕疵时我甚至会心急如焚。

好在老板看我长得帅——看来帅气还是有用武之地的，所以把我调到了店外招揽顾客。按照现在的话说，我就是颜值担当，只负责美美的。

每天上班，我会精心地打扮一番，然后站在门前大声嚷嚷着。大家现在听到如“走过路过，不要错过”或者“不买不要紧，进来看一看”这种话会觉得很俗套，还有些搞笑，但那个时候我都说过。

久而久之，每天重复着一样的工作让我感觉挺无聊的，正当我考虑换一份工作的时候，一个人的出现让我兴奋不已。

有一天，我正在外面吆喝着，突然看到一个女孩儿从我面前经过，我的心不禁咯噔一下。她眼似秋水，樱桃小口，飘逸的头发披在肩上，洁白如玉的肌肤散发着淡淡的馨香。

我直勾勾地看着她，当她转过头，我急忙将目光转到别处，生怕她从我眼中窥到隐秘而浓烈的东西。她慢慢走远，我又从背后肆无忌惮地欣赏着她，她戴着一对精致的耳环，看上去比较成熟，身上有种独特的气质。

她每天都会经过这条街，我每次都会装作若无其事的样子瞄着她。一两个月后，我发现我好像喜欢上她了，因为看不到她的时候我会想她，甚至想得夜不能寐。当我见到她的时候，就会很开心，开心得嘴角上扬。

生活有了新的期待，我仿佛忘记了所有事情，只知道每次等着她的出现。我本身就比较注意自己的形象，在喜欢上她后，更是如此。发型一点都不能乱，脸上必须干干净净的，衣服必须整整洁洁的。我要把最好的一面展现出来，哪怕并没有和她打过照面，并没有说过一句话。

以前在网上看到大家探讨什么是爱情，有人说两情相悦才是爱情，有人说单相思也是爱情。我感觉自己就是单相思，那么我拥有爱情了吗？

我像其他青春期的男生一样，渴望爱情，想要体会女人的感觉。其实之前我是有机会谈恋爱的，可我妈妈对我管教很严，不让我谈恋爱。我很多同学都谈过恋爱，都和女孩子睡过觉，我没有，但我也想。荷尔蒙是种很特别的东西，等分泌到了一定程度，那就不是自己能够控制的了。

那个女孩让我品尝到了前所未有的喜欢的感觉，可喜欢上一个人，就注定了孤独。以前的日子没有期待，我手插口袋，谁都不爱，能有什么孤独的呢？

一天一夜二十四个小时，我能见到她的时间只有短短几分钟，剩余的二十三个多小时里我都生活在思念和孤独之中。

思念一个人，苦中有甜，甜而不腻。第一次喜欢女孩子就像时刻都嚼着棉花糖，即便吃不饱，那也是甜甜的。

不管我做什么，眼前都会浮现她的样子，尤其当我看到我喜欢的景色、吃到我喜欢的东西，我会特别想和她一起分享。或许喜欢一个人，就想把最好的东西带给她吧。

本来在服装店的这段日子过得还挺开心的，直到有一天母亲让我去当兵，我才觉得感情的事儿迫在眉睫。暗恋她这么久，临走之前我如果不亲口告诉她“我喜欢你”，我以后会恨自己的！

时间的脚步一天天逼近，我那悬着的心始终无法平静。我感觉自己像是站在悬崖边上一样，一咬牙一闭眼就跳下去了，可看看那么高，我又不敢跳。

最后，我打了一桶水，淋到自己身上。我甩了甩头发，拍拍自己的脸，说，李桢航，人固有一死，是男人就说吧！这句话一说，好似我要是不表白就不是男人了，那么表就表吧。

那是一个秋天，我穿着新买的黑色外套，去理发店吹了一个发型。我跟理发师多次强调：“给我整好看一点啊，不然的话就完犊子了。”发型师还开玩笑地说：“小兄弟跟女朋友约会啊？”我连忙说：“是啊是啊，我女朋友。”

那一刻我真感觉她是我女朋友。等吹完发型，我站在镜子前欣赏着自己，我摆了几个 pose，感觉很满意。发型师也在一旁喝彩，说什么帅过刘德华、酷过梁朝伟。

我穿过一条街，街道的两旁铺满了黄澄澄的落叶，一阵风吹来，地面掀起层层金色的波浪。我沐浴着秋风，又走了一段路，正当我在心里盘算着怎么表白的时候，突然看到前方正是我日思夜想的女孩。

一瞬间，我不受控制地低下了头，耳根子红了起来，心跳也开始加速。我的双腿像是灌了铅，走起路来十分沉重，我想跑上前去，却犹豫不决，迈不开步子。

我不停地吞咽着唾液，脑子里闪过各种念头，但数秒之内我就做出了决定。去，是必须得去的，不过嘛，去的方式有很多种。

我转过头，走到另外一条小路上，然后一路小跑到了女孩的前面。我停住脚步，镇定下来，摸了摸自己的发型，整理了一下衣服，一咬牙一跺脚，走上前去。我装作漫不经心地抬起头，惊讶地看到她。

我打招呼说："这么巧啊！"

话音刚落，她说："咦，你刚刚不是还在我后边吗？"

我愣了稍许，有些尴尬，但转念一想，我的天哪，她这么说不是代表她认识我吗！

我说："啊？你注意过我？"

她眨着水汪汪的眼睛，说："对啊，我每天路过服装店都能看到你。"

我激动万分，那一刹那我体验到了爱情的感觉，是两情相悦的爱情。

我鼓起勇气，说："能不能留个电话号码，我快要去当兵了。”

她告诉我号码后，我顺理成章地送她回家。回家的路上，我走在她身旁，我想这辈子我都忘不了，我千方百计地想找些话说，可脑子一片空白，急得脑门冒汗。

慢慢地，我的心就静了下来，我贪婪地呼吸着她的发香，体验着走在一起的美妙感觉。

尽管我希望这条路长一点，可没多久我们就走到了她家楼下。我把她送到三楼，她站在原地看着我，像是等着我说些什么一样。

我嘴里嘟囔着，嗓子如同卡着一团东西，最终我也没说出那几个字。我想抱抱她，牵牵她的手，但我不敢。

分别后，我带着思念来到了吉林当兵。当兵期间，她的发香仍然挥之不去，我日日夜夜都会想她。于是我开始给她写信、发短信，她也会很快就给我回信。

我感觉我们已经确立了关系，即便谁都没有捅破那层窗户纸，我们开始通过书信的方式谈起了恋爱。我知道这种恋爱是虚无缥缈的、不切实际的，是只存在于诗里画里的，但同时它也是浪漫的，是不掺杂任何杂质的。

但大概三个月后，我发现自己原来那么单纯、那么天真。过年的时候，部队放了几天假，我归心似箭，临回家前给她买了一支口红、一条围巾。我拨通了她的号码，想要告诉她我回来了，但没想到接电话的是一个男的。

我还以为手机出了问题，怎么对方的声音变得这么粗犷呢？我警觉地问：“你是谁？”他没有回答，而是反问道：“你们什么关系？”我说：“我是她男朋友。”他顿了一下，淡淡地说：“行，我知道了。”说完，他挂了电话，我再打过去的时候没有人接。我心乱如麻。

终于，我见到她了，她比以前看上去更加成熟。她化了妆，穿着毛呢大衣，胳膊上还挎着一个包。

我抑制不住自己的喜悦，急忙跑上前去，将手中的礼物递给了她。没想到她面无表情地看着我，也没有接礼物，正当我想问她怎么了的时候，她一下子推开了我。

她责怪道：“你凭什么这样？凭什么说我是你女朋友？我跟你有什么关系？”

我想了想之前和那个男人的对话，一下子什么都明白了。我眼眶微微湿润，说道：“你不地道，我们什么关系都没有！”

说完，我将礼物摔在地上踩了几脚，然后扔到了垃圾桶里。我瞬间觉得，昨天还很美好的东西，今天就被狠狠地撕碎了。

后来我才知道，她已经有男朋友了，那个男人给她买了钻戒、买了房子。我的出现让她男朋友抛弃了她，所以那天她才对我发火。

我第一次喜欢一个人，也第一次品尝到了失恋的感觉，每天无精打采，吃不能吃，喝不能喝。阴天下雨，心情不好，阳光明媚，还是难受。

我一度想不明白，既然你有男朋友了，为何不说明白，为何还要跟我保持某种暧昧的关系？

或许这不怪她，是我想太多了吧。人都是活在自己的内心里，或者说幻想里，一切都是假的。

时至今日，我对她早已没有了怨恨，再想起这段感情也是云淡风轻。两个人能相遇，并且能发生一段故事，我想这本身就是缘分。只不过世事无常，当缘分到头的时候，终究要以某种方式分开。

不管怎么说，她让我经历了初恋的感觉。我不确定她有没有喜欢过我，但我喜欢过她，这不就够了吗？

Two

磨炼

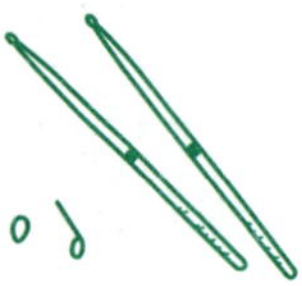

咱当兵的人

十九岁那年，我成了一名军人。关于我当兵的原因，大概说来有三点。其一，我高中时期老是打架，还经常反抗老师，老师颇有微词，不愿意再教我。也正因如此，母亲对我失去了信任，我的求学之路到此结束。

其二，我很久之前就想去北京打拼奋斗，辍学后我跟母亲说想去北京，母亲听完拉着脸，让我死了这条心。母亲觉得我不够成熟，一个人出门缺乏安全。她觉得我反正也没有其他更好的选择了，不如去部队锻炼一下。

其三，也是最重要的一点，就是我自己也想体验一下军旅生活。人家常说，“当兵后悔三年，不当兵后悔一辈子”。我想成为一个真正的男子汉，我希望以后能达到这个目标。

记得小时候，每当听到广播里放《咱当兵的人》，我就心潮澎湃，脑海中闪烁着军人的飒爽英姿。甚至我听着听着就开始踏起正步，敬着军礼，心中充满爱国之情。

其实我知道，当兵对我而言是一个很大的牺牲，那时正值大好年华，我本可以在学校里好好读书或者去外面打工赚钱。不过，我觉得年轻时就应该吃点苦，哪怕吃世界上最苦的苦，干世界上最脏的活。如果连这些都经历过，那么以后生活中的坎坎坷坷还算什么呢！能走得多低，就能走得多高。

当然，当兵也不是谁想当就能当的，必须符合一些要求。我记得报名后的第一关就是体检，那天我没吃早饭，带着身份证和体检卡就去了医院。我本以为和以往的体检没什么区别，无非是检查一下肝胆脾肺肾，顶多验个血验个尿啥的，可我显然还是太年轻了。

也许很多人对当兵体检都很好奇，虽然说多了都是泪，但今天豁出去了，我来好好聊聊这事儿。在这里也奉劝大家，如果有正在吃饭的，可以先停下来了。你如果能一边看一边吃，那真是神仙下凡，佛陀转世。

我们当时有几百个人，在医生的指挥下分成了十批。

做完了常规检查，我以为万事大吉，正当我要离开的时候，没想到医生告诉我们还没完事。我们到了外科的房间，前面那批人进去后，我们便在外面静静等候。

有些人透过门缝往里面看着，一边看一边发出感叹，而且表情十分丰富。我不明所以，便问怎么回事。他们不正面回答我，只说过一会儿就知道了。

大概半小时后，前面那批人从里面走了出来，他们羞答答地低着头，还有几个人面带桃花。我看着他们的样子，挠了挠头，不知道发生了什么事。我们进去后，只见三个穿着军装的人坐在桌前，一边喝茶一边聊天，旁边有个军医正翻看着一本小册子。

我们站在墙边，说说笑笑，就在这时，从军医口中传来一句震耳欲聋的话："赶紧脱光衣服，动作要迅速、麻利！"我一脸茫然，呆滞片刻，心想这当兵就当兵，怎么还让脱衣服呢？

那时正是天冷的时候，虽然房间里开了空调，但我还是感觉到一丝冷意。我有些害羞，扭扭捏捏地脱着，生怕一不小心就春光乍泄。等脱到还有一条内裤的时候，我就停住手，以为到此为止。

可这时医生冲我走了过来，我不自觉地抱起胳膊，他一言不发上来就把我剥个精光。这事儿恐怕我会终生难忘，因为这是除了澡堂外，我唯一一次和那么多大老爷们儿赤裸相对。

我看看别人，大多比较瘦，只有我拥有傲人的胸肌。为了显示我很壮，我还故意往胸上拍了拍。

军医这时又说："胳膊平举，一会儿听我口令抱头原地跑。"有个哥们儿慢了半拍，我们都举起胳膊的时候，他没有反应。军医瞪了他一眼，问，"你为什么不举？"本来这话没什么毛病，但个别"老司机"哈哈大笑起来。

军医围着我们转着圈圈，可能是检查我们身上有没有刺青和疤痕。接着军医一声令下，我们二十多个大老爷们儿便开始抱头在原地跑了起来，一时间可谓是"鸡飞蛋打"。

如果脱光衣服只是让人害羞，那下面的事儿就很尴尬了。医生戴上手套，非常仔细地检查着我们的"小伙伴"。因为热胀冷缩，所以此时此刻"小伙伴"有些害羞，不敢抛头露面。

众目睽睽之下，我有些紧张，竟然开始出现幻觉。我老是觉得这不是在医院，而是在大街上，我被强行摁在墙上接受着检查。不过军医可不管这个，可能在他眼里，这就是一坨普普通通的肉吧，他面无表情，自顾自地检查。

正当军医检查着，有人不知道在想些什么，突然有了反应，见到此状，大家笑得前仰后合。医生憋得脸通红，剜了他一眼，那哥们儿赶紧按了下去，还往上面拍了几下，说：“他妈的这么不争气。”

检查完我们的秘密花园，军医开始把目光放到我们的后花园。军医让我们背对着他，然后弯腰撅屁股，没错，就是撅屁股。我心情忐忑地照做了，可医生连招呼都不打就检查起来……

过完这一关，可怕又严格的体检终于结束了，好在我顺利通过，不然真是欲哭无泪。当我通过政治审核，不久后便被通知成为预定新兵。最令我激动的是，我要去梦寐以求的野战特种部队，一时间我手舞足蹈，激动得说不出话来。特种部队啊，真是太酷了！

带着行李物品，我坐上火车，离开家乡去往吉林。下了车到了部队，我才知道原来我在特种部队是当炮兵，心理落差极大。本以为是当侦察兵或者空降兵，谁知道是一点也不酷的炮兵呢！

不过“既来之，则安之”，什么兵都是兵，都可以保家卫国，都可以锻炼自己。就像那首歌里唱的一样：

说不一样

其实也一样

都在渴望辉煌

都在赢得荣光

说不一样

其实也一样

一样的风采在共和国的旗帜上飞扬

……

部队的那些事

刚到部队时，我的心情是无比复杂的，对未来既期待又忐忑。可能我是个事业型的男人，所以老是想着自己的未来。而其他人呢，基本都在想家，有个战友天天哼唱《当兵的那一天》。每当他一唱，其他人也就跟着唱起来，有人唱到动情之处还会鼻涕一把眼泪一把。

在部队待了一两个月，我突然觉得有些无聊，每天无非就是唱军歌、训练、看新闻。唯一让我感到有趣的，是每周都会放映一场电影，我将其视为精神食粮。

也就是在那时，我开始萌生了做演员的想法，这个想法愈演愈烈，于是我订购了很多种电影杂志和图书。我将我的演员梦跟母亲说了之后，没想到却遭到了母亲的反对，母亲跟我说，有些梦，还是早些清醒比较好。

我知道我的家庭条件不允许我考电影学院，不过这是我的梦想，这是我人生努力的方向。我是个与众不同的人，所以我注定要做一些与众不同的事情。我不能因为母亲的反对而放弃，我永不言败，一定要实现梦想。

只不过在实现梦想之前，我在部队吃了不少苦头，尤其是班长的苦头。我刚见班长的时候还以为他是谁带来的家属，他年龄比我小，而且个子不高。他看上去朴实无华，甚至有点傻傻的感觉，因此我对他很不服气，偶尔还会不服从命令，比我小的人怎么能命令我呢！

有一次我们就一件事争论了起来，班长认为不管上级让做什么，士兵必须服从。我认为人应该有自己的个性，不能成为别人的傀儡。班长很生气，罚我唱了五十遍《严守纪律歌》。

后来这事儿惊动了排长，他过来给我们进行思想教育，说个别人破坏纪律，这是不允许的。我怎么听都觉得在说我，心虚得不行。其实现在看来我当时的想法很幼稚，如果每个士兵都以个性为重，那么面对长官命令，还不各行其是？这样的话，队伍将无法执行任务。

记得没过多久，我因为年龄问题又顶撞了班长，结果挨了他一巴掌，那是我当兵以来第一次挨打。班长告诉我，在部队里面，没人看年龄，大家只会看军龄。他还说，以我这副德行，在以前的部队早就完蛋了。

我渐渐地发现，这就是部队，部队有自己的一套规矩。我犯了错，就该挨打，对我这样心高气傲的人来说，挨打几乎是一种必然。

后来，我和班长慢慢成了朋友，说实话我很佩服他。因为我所经历的东西，他曾经也经历过，但他会沉默地承受一切痛苦，他有着钢铁般的意志和积极的态度，这是我需要学习的。

在部队里面，我们不仅要进行训练，还要干一些活。不管脏活重活，我们都很积极，都争先恐后地表现自己，我也不例外。

有一次，连长突然把我们召集起来，眉头紧锁地说："养兵千日，用兵一时！"听完这句话，我心想大事临头了，同时做好了为国捐躯的准备。我攥紧拳头，咬牙切齿。这时连长幽幽地说："粪坑里的粪冻住了，你们去掏一下粪吧。"我猛然松了一口气，不就是掏粪嘛，有什么大不了的！啊？掏粪！

可能有人会疑惑，粪坑是什么东西啊？现在生活品质

提高很快，很多人家里用的是马桶，或者蹲便器，但我们那时用的是旱厕。所谓的旱厕，就是盖一间房子，做好隔间，每个隔间都垒一个蹲坑。

旱厕没有冲水设备，所有蹲坑里的粪便都要流到粪坑里。粪坑一般要定期清理，不然会臭气熏天。因为在冬天，粪坑都结冰了，所以厕所里的粪便排不出来。

连长下令后，我拿起铁锨，一跃而起，毫不含糊地干了起来。按照现在的话，我就是名副其实的“铲屎官”。其他来自农村的战友干起来那是得心应手，他们无论是用榔头还是用铁锨，都毫不费力。可我从小没干过这种农活，铲着铲着一块块冰凉的粪渣就溅到了我的脸上和嘴里，直到现在敲下这些字的时候，我还能回忆起那酸爽的味儿，真是太恶心了。

除了干活，我还遇到了一次“灵异事件”。那是我当兵后的第三个月，班长派人去站岗放哨，由于我体格健壮，就被挑中了。我要做的事情是看守油库，而油库建在一座坟山里面。坟山里面都是大大小小的坟墓，有些坟墓还被盗过。

每到站岗的时候，我就带着收音机，以音乐为伴。我把军大衣放在铁丝网上，然后练习冲刺短跑，或者找来枝繁叶茂的树枝别在铁丝网上，击打树叶。要是累了，我就叼根稻草躺在坟堆上，看着蓝蓝的天空。

那天晚上，月亮高高挂起，树木一动不动，十分静谧。我巡逻回来，便走到岗楼签字。签好字，当我去铁丝网那儿拿军大衣时，突然一个花圈映入眼帘。我吓得一激灵，急忙向四周看看，四周一个人也没有。这时微微起了风，只有风吹来时草地上才会发出一点声响。

我镇定了一下，扭头走去，可头皮越来越麻。等走出坟山，我拔腿就跑。次日，我问站岗的战友，他说并没有看到花圈。我心想，这就奇怪了，如果不是我眼花的话，那还能见鬼了吗？我猜想肯定是有人想捉弄我，来了这么一出恶作剧。

如果说这件事像是做梦一样，那么下面这件事是真的发生在睡梦中。那天，我训练得很累，倒在床上就睡着了。我睡得很香，在梦中来到了二次元世界。我端着冲锋枪，跟敌人展开了生死搏斗，眼看着敌人越来越多，我寡不敌众，突然之间我想到腰上还有一个手榴弹。于是，拉了环猛投出去，只听砰一声硝烟四起，熊熊大火燃烧起来。正当我哈哈大笑时，谁知竟下起了雨，敌人这时像僵尸一样站起身来。

我有些慌了，一时间不知道该怎么办。雨越下越大，味道越来越浓，我闻了闻居然有一股尿臊味。我揉揉眼睛醒来，才知道这是一个梦，可梦中的雨滴还在滴答滴、滴答滴。我定睛一看，只见上铺正往下面滴着水。水滴打在床板上，也打在我的脸上。我坐起身抹了一把脸，然后闻了一下，他妈的，上铺这小子尿床了！

我说正做着梦怎么还下雨了，原来如此啊！我没忍心把他弄醒，便缩在角落继续睡了。第二天，我问上铺的小兄弟这么大了怎么还尿床，他语焉不详，还不敢承认。我说尿床不是你的错，你不提醒我就是你的不对了。接着，我找来一个塑料袋，垫在了他的床板下。

部队里还发生了很多让人难忘的事情，但我不能和盘托出，因为有些东西涉及机密。如果大家特别感兴趣，可以考虑亲身体验一下。还是那句话，"当兵后悔三年，不当兵后悔一辈子"。

从入伍到退役

进部队前，我十分好奇，听说军人的训练强度非常大。可如果实在做不到呢？比如让我跑一万米，我就是跑不动，我累瘫在半路上也跑不动，该怎么办？再比如让我做一百个引体向上，我累死累活就算吊在那儿一天也做不完，该怎么办？

到了部队我才发现，人的潜能是无限的，这千真万确。我还记得刚开始班长训练我们走正步，他说我们走得像一条蛆一样，因此让我们练习分解动作。他命令我们踢出左腿，在脚面上放一碗水，要是水洒了就做三十个俯卧撑。

按照班长的要求，我们要保持着这样的姿势十五分钟，他这么一说不要紧，我差点就残疾。没多久我的大腿就酸痛难忍，脚面的水洒了好几次，我依仗着自己腰力比较好，所以就直接做俯卧撑。

做了几次后，我发现我的腰也不行了，最后在腿和腰之间权衡一下，我觉得还是腰更重要，那只能虐待腿了。于是当我想到累断腰的时候，就告诉自己，还是累断腿吧。

这样的训练方式残酷而有效，我的体能迅速增强。与此同时，我在其他方面也表现得不错，军事比武，体能比赛，还有分解枪械、炮闩我都得了第一名。对了，还有我引以为傲的板报比赛。有时候觉得，人有一技之长还是很有用的，它在某个时间点总能让自己脱颖而出。

一年后，我光荣地做了班长。说真的，那是我第一次体验到有“权力”的感觉。以前经常有人说，男人要么有钱，要么有权。我有了“权力”，我说什么别人必须听，因为这是命令。不过话说回来，“权力”越大，责任越大，我必须对他们、对部队负责。

当了班长，也算是多年的媳妇熬成婆，可在训练新兵的问题上我有点纠结。孔子曰“己所不欲，勿施于人”，当年我害怕接受魔鬼训练，现在就不该这样训练新兵。但这个念头转瞬即逝，老话说得好，“慈不掌兵，义不理财”。我要是这么仁慈，那肯定带不出来素质过硬的兵，这不是什么好事。

我用很疯狂的方式训练他们，有一个新兵刚入伍的时候只能做二三十个俯卧撑，到了第二年他已经可以做八百多个了。我充分地挖掘他们的潜能，每当他们有一丝一毫的进步，我都有一种很强的成就感。

我还不停地告诉他们，作为军人，随时都可能要打仗，一定要刻苦训练，增强综合实力。只有这样，才能保护好自己的身体，为国家和人民效力。

当兵的时间过得很快，转眼之间两年过去，我就要退役了。可能很多朋友会问，前一篇才写到入伍，怎么这么快就写退役了？那是因为一来当兵的日子过去很久了，有些事情我已经记不太清楚，二来有些事情确实不方便写出来。

不管怎么说，我特别怀念那段生活，时至今日，我还会特地抽时间看一看那时候写的日记，无所顾忌地想一想我的战友们。

当初战友来自五湖四海，我们之间没有利益冲突，没有钩心斗角，没有尔虞我诈。大家都很单纯，人际交往也非常简单。如果我欣赏你，我就会告诉你，小伙子不错，我喜欢你；如果我不欣赏你，我也会告诉你，我讨厌你。

在踏入社会后，我一度很难适应，因为人心隔肚皮，大家说话不喜欢直来直去，而喜欢拐弯抹角。同样的意思，可能说出来之后我会理解成另一种意思。在部队里面就不会这样，一是一，二是二，没有这么多乱七八糟的事情。

以前看《新白娘子传奇》的时候，总能听到一首歌，歌里面唱道“十年修得同船渡，百年修得共枕眠”。我就在想，如果一千年的缘分才能结成夫妻，那么成为战友至少也得七八百年的缘分吧。

战友情是难能可贵的，是一起经历过风吹雨打、生生死死的感情，是一起面对困难、同进同退的感情。以前看战争片，大家常说战友是可以在战场上挡子弹的。现在是和平年代，自然没有这么夸张，可如果我有什么危险和困难，我相信战友会毫不犹豫地出现在我身边。没什么理由，这就是战友。

我记得退役的那一天，我们围成一圈，互相捶着对方的胸膛，一声声低沉的“咚咚”响宣告着我们即将离别。我还记得，当时我特别想说些什么，可话到嘴边又咽了回去。没有言语，没有煽情，只有真诚的眼神和彼此的祝福。

我们刚开始还控制着情绪，觉得男子汉大丈夫，不能轻易掉眼泪。但上了大卡车，发动机一发动起来，一群男人呜呜地哭到崩溃。我见到此状，擦干泪水说道："哭什么哭，又不是见不到了！我们有的是机会再见！"一个战友说："说是这么说，可要等到猴年马月啊！"话音刚落，大家哭得更凶了。

回去的时候坐的是火车，我衣服上别着大红花，看上去很风光，我想这也算是衣锦还乡了。我在车厢内往窗外看着，两边高山流水，树木丛生。等开到了大城市，又看到一座座高楼大厦，一个个忙碌的身影。我内心暗自说道，我终于自由了！

一时间我思绪万千，有对军旅生活的想念，有对命运的感慨，我拿出日记本，在上面龙飞凤舞地写着自己的心情。当我写完合上日记本时，火车恰好放缓了脚步，我屏息凝神，心脏跟随着火车与铁轨碰撞的声音而跳动着。慢慢地，慢慢地，我看到了久违的家乡！

两年来家乡变化很大，很多新建的广场和小区我都没见过，但当那一条条熟悉的街道映入眼帘的时候，我还是不由自主地哭了。古人云"近乡情更怯，不敢问来人"，我下了火车之后，多少次想用乡音问问别人有关家乡的事情，可我不敢开口。

我只能问问我的家乡：我回来了，你还认得我吗？

第一次恋爱

我是一个较真的人，时隔多年，我还是想给我的感情经历取个名字。思前想后，我觉得服装店的那段感情只能叫作第一次爱情，而这一次，那是实打实的恋爱。按理来说，这就算是我的初恋了，只不过追求的过程有点不太光彩。

我复员后，本以为母亲见了我会说很多想我的话，然后再给我一个大大的拥抱。可没想到，她见到我就说："儿啊，好久不见，你怎么变得又黑又瘦了！"我很无语，难道当了两年兵之后还白白胖胖的吗？

可能在我妈眼里，我怎样都是可怜巴巴，也正因如此，她让我好好待在家里，不让我出去工作，不让我干活，专门让我养膘。我这人闲不住，天天在家还不闷死了，怎么办呢？正好几个同地的战友面临着和我一样的局面，我们一拍即合，他们来找我玩。

其实也没什么好玩的，几个大老爷们儿也不能去游山玩水或者逛街买衣服吧，正好那时候流行聊 QQ。QQ 这玩意儿给我打开了新世界的大门，坐在电脑前就能和陌生人聊天，充满着刺激和快感。

来找我的战友有三个。我们当兵时被人称为“四大天王”，有一个比较胖，他是部队唯一一个有啤酒肚的人，外号叫作“大肚子”；有一个以前是踢足球的，腿粗屁股大，外号叫作“大屁股”；还有一个，叫作“大篮子”，这是东北话，翻译成普通话就是“大蛋”；至于我嘛，很多人应该都能猜得出，我叫“大胸”。关于胸肌，我已经多次提过了，这里就不再炫耀。

我们之中，我的聊天技术最厉害，这么说吧，我聊过的女孩子一定会出来见我。对了，我忘了说，我们在加好友的时候基本加的都是同一个城市的，因为太远了也是遥不可及，还不如近水楼台先得月。

我的网名叫作“颓废的痞子李”。因为那时大家比较追求颓废美，认为只要披头散发、蓬头垢面，小女生就会尖叫。而且那时有本小说风靡网络，叫作《第一次亲密接触》，小说的作者是痞子蔡。潇洒的网名，再加上炉火纯青的聊天技术，谁不为我疯狂都不行。

有一次，“大屁股”一边聊天一边乐呵呵的，我一看原来他在跟一个女孩聊天。他打字非常慢，只用两根手指，也就是俗称的“二指禅”。看他聊得这么费劲，我都替他着急。

我说：“兄弟，你太慢了，我帮你聊吧。”“大屁股”相信我的实力，便放心地交给了我。他说：“等你帮我把她约出来，我请你吃饭。”我说：“你就瞧好吧。”

就这样，我开始跟这个女孩聊了起来，一回生，二回熟，聊了几天后，我突然发现我喜欢上这个女孩了。是不是很神奇？我没有见过她，但就是有这种感觉。我跟她坦白了我是帮朋友聊天的，我说：“要不你加我的 QQ 吧。”她说：“好。”

“大屁股”知道这件事后，嚷嚷着要弄死我。我动之以情，晓之以理，说：“亲爱的战友，你忘了我们当年一起出生入死吗？为了一个女人，何必呢！”“大屁股”说：“那你也不能这样啊！”我说：“不是兄弟不仗义，实在是这小妞太诱惑。”“大屁股”说：“公平竞争。”

不是我看不起“大屁股”，跟我公平竞争，这本身就是不公平的。果不其然，那女孩加了我的 QQ 后，都不理“大屁股”了。于是，我开始和她热火朝天地聊了起来。

因为只能打字发不了语音，我就会看着她的话自动脑补语气。该高兴的时候高兴，该生气的时候生气，该撒娇的时候撒娇。后来，我无意间看到别人开了视频，才知道原来 QQ 推出了视频功能。

我跟她提出开视频，她爽快地答应了。当屏幕里出现她的样子的一刹那，我目瞪口呆。说到这里，或许很多朋友都会猜想我遇到了一只恐龙妹，因为现在很多照片很好看的女生，其实本人惨不忍睹。但她真的是美若天仙，太美了，天底下怎么还有这么好看的人呢！

那时候没有琳琅满目的化妆品，视频也没有美颜效果，她是属于天生丽质的那种。我很兴奋，目不转睛地盯着屏幕。她问我：“这是你家吗？”我往后一看，原来那是酒吧的吧台，上面放着饮料和食品。我虚荣地说：“是啊是啊，改天来我家玩儿。”

她说话的声音像银铃一样，很甜很脆。我们聊了大概五分钟，正当我想进一步了解她的时候，她突然把视频关了。这小妞很会吊人胃口，我不禁感叹真是棋逢对手，将遇良才。

打这之后，我像着了魔一样，每天都要去网吧视频一下。有时去得早，她还没上线，我就得苦苦地等了。不过我也不闲着，我喜欢点开对话框，翻看我们的聊天记录。

如果觉得无聊，我会先看个电影，只不过每当听到“咳咳”的提示音，我就会急忙退出全屏去看看是不是她上线了。等待一个人上线的感觉还是挺好的，就像去饭店点了餐，等待着服务员上菜一样。

聊了一段时间后，我把她约了出来，见面地点是在公园。她个子不高，但身材很好，看上去娇小可爱。想当初我连女孩子的手都不敢牵，但此一时彼一时，我当即就给自己下了命令，牵她手，军人出身的我自然要服从命令，于是花落我家。不久后，我们恋爱了。

不知后来母亲怎么发现了，她老人家开始跳出来唠叨。她说：“儿啊，当过兵的孩子都比较傻，没见过女人，你知道啥样的是好女人吗？你别遇到一个女人就觉得是天仙。”她还说，“你别天天瞎聊，也别做那个事儿，对身体不好。”我哭笑不得，说：“放心吧。”

从只言片语可以听出，母亲是有些反对我跟她在一起的，不过我很痴情，我就认定她了！什么好不好，我喜欢她，她就是好的，就是一百分！即便她有一些不尽如人意的地方，我也能够包容她。两个人在一起不就需要互相包容吗？

后来，她的母亲也找过我，说我们不合适，早点分手吧。这我见多了，我喜欢看电影，电影里面这种事情俯拾皆是。都什么年代了，您怎么还干涉儿女婚姻呢，也太封建了吧？

当然，我只是心里这么想想，我觉得面对未来的岳母大人说话还是要客气一些。我说："阿姨，您放心，我肯定会对她好的。"她母亲见我不死心，便使出撒手锏，说："她已经有男朋友了，都快订婚了。"

订婚？这不是扯犊子吗？这肯定是想让我打退堂鼓，说不定是个考验。要是我真放弃了，她肯定回去跟女儿说，你看看，那小子知难而退了吧！

我想了想，字正腔圆地说："阿姨，没有什么能抵挡得了真爱！"她母亲叹了一口气，转身离去。我自鸣得意，怎么样，最终还是我赢了吧？

我力排众议，坚定地和女朋友在一起。可一个月后，我哥们儿告诉我，最好离那女孩远一点，她在外面还有其他男人。我听罢心里一颤，开始犯起了嘀咕，难道这事儿

是真的？

不瞒大家说，有时我跟她聊天的时候，对话框上方显示“对方正在输入”，可结束之后她并没有发给我什么消息。一起散步时，她的手机也会经常收到别人发来的短信。起初我不以为意，谁还没个朋友呢，但有一次我半夜给她打电话，竟然在通话中，这大半夜是谁给她打电话？

我多次想问问她这些事情，不过难以启齿，我不知道该如何开口。难道开门见山地问，你还有其他男人吗？你给我戴绿帽子了吗？我渐渐变得喜欢胡思乱想，稍微有些异样我就会吃醋。

直到后来，我发现了一件事，一切昭然若揭。那天，我骑着自行车送她去一个地方，半路突然有辆车停在我的前面。然后，从里面走出一个大约三十岁的男人，他留着小平头，脸上挂满了横肉。他笑呵呵地朝我们走来……

接下来的事情我不想说了，傻傻的我那时才明白，原来我一直都被蒙在鼓里。事后她约我，我们去了第一次见面的那个公园。我依旧骑着自行车，而她开着汽车。

她向我解释，说什么还爱我，但她母亲不同意她和我在一起。我说："这不是借口，你可以说你等不起，但你不应该欺骗我的感情。"她问："你还爱我吗？"我苦笑一声："都这个时候了还问我爱不爱你，你做那些事儿的时候有没有想过你爱不爱我？"

我摇摇头，说："你觉得呢？"她说："爱。"我说："我只是喜欢我爱你的这种感觉，你根本不配我爱。你现在瞧不起我，嫌我没钱，总有一天我会很成功，但我找的那个人绝对不是你！"

真没想到，我那么喜欢的女孩子竟然给我带来这样一段经历。那时我的确很傻，以为相爱了就能在一起，不知道很多事都是由不得自己的。

我现在也能理解，女人想要的就是安定，有一个安稳的家。这一点没错，只是同龄的男生相对女生来说，总要幼稚一些。我当时还想着实在不行就私奔呢，回过头想想，能往哪里奔呢！我这个人注定给不了别人安定，我有一颗不安分的心，她选择不跟我在一起是对的。

也就是那个时候，我明白了一个男人不仅要有梦想，还要有自己的事业。如果把全部的精力放在女人身上，若女人抛弃了自己，那就一无所有了。我仿佛一夜之间成熟了许多。

人家常说，女人是一所大学，在这所学校里，男人慢慢变得成熟、变得强大。我相信，终究有一所大学，会成为我的归宿。我期待着！

一切都是最好的安排

如果你愿意付出应有的努力，你总能过上你想要过的生活，成为你想成为的人。这不是夸夸其谈，也不是心灵鸡汤，而是越过大山大海、穿过人山人海之后的一点感悟。尽管这点感悟像是老生常谈。

前面说过，我去当兵的原因之一就是我想去北京，而母亲觉得我不谙世事，缺乏磨炼。那么如今我历经两年部队生活，翅膀也算硬了吧。于是我再次跟母亲说："我要去北京。"

母亲听完，拉着脸说："北京北京，你怎么就是念念不忘呢？"

我说："那里有我的梦想啊！"

说完这句话的时候，其实我也不知道自己的梦想是什么。我想当歌手吗？似乎不是。我想当画家吗？好像也不是。但我冥冥中觉得，只要去了北京，我离梦想就会更近一步。

北京是中国的文化中心，文化氛围非常浓厚，在那里我可以去音乐会现场听歌，可以去画展中心欣赏各种各样的画作。听说三里屯有很多酒吧，后海那边也不少，我可以一边啜着精心调制的鸡尾酒，一边慵懒地靠在沙发上看演出。

也听说北京有许多小剧场，小品、相声、话剧、舞台剧，凡所应有，无所不有。还听说一些独立书店布置得很有特色，可以看到古今中外很多好书，可以喝到现磨的咖啡，还可以听到著名作家的讲座。

我想，我一定要跟搞艺术的人一起生活！我们头顶同一片天，脚踩同一片地，我们一起喝酒，一起睡马路。我们不顾世俗的眼光，任性地蓄起长发，然后拿起吉他，在街头自由弹唱。我们对着路人说，来吧，疯狂起来吧！

可能很多人来北京是为了赚更多的钱，过上荣华富贵的生活，而我更想在北京找到灵魂的存在感。虽然东北是生我养我的地方，但我一直感觉我跟那里是同床异梦，我不属于那里。

最后母亲看我如此坚定，便稍微松了口，答应考虑一下。

我继续做她的工作，我说："妈，您一定听过破茧成蝶的故事。"

母亲听完，乐呵呵地说："你不就是想告诉我你必须得经历一番磨难才能展翅高飞吗？"

我笑着说："妈，您听过大狮子和小狮子的故事吗？"

母亲有些不屑地说："这不就是小学生课本上的东西吗，谁还没听过！你是不是想说我只有放手，你才能增长本领？"

我说："那么大树的故事呢？"

母亲说："这倒没听说过。"

我说："那当然，这是我的原创，我还没说，您怎么会知道。"

母亲翻了个白眼。

我说："这大树下面啊，如果长着一棵小树，那么小树是永远长不大的。看起来大树为小树遮风挡雨，其实对它并没有多少好处。"

母亲说："这不一个道理嘛，我都懂。"

我说："妈，道理您都懂，就是过不了心里的坎，对吗？别担心，我都这么大了，出不了事。我们每天都通一个电话不就好了，放心吧！"

母亲叹了一口气说："看你那心急火燎的样儿！我可跟你说，要是不行的话，赶紧回来。"

毫无疑问，我来北京是非常激动的，这感觉就好比去见一个喜欢的姑娘。当火车开入北京，广播里面播报起关于北京的介绍时，我的心跳到了嗓子眼。我好想大声地呼喊，然后在车厢里奔跑、跳跃，跟每一个人说我终于来北京了！

我忍着这种情绪，静静地坐在那里听着广播，生怕错过了关于北京的一点一滴。没多久，车厢里来了一个卖东西的列车员。他是北京人，操着一口北京方言，我上前跟他闲聊，还拿腔拿调地学习北京话。

其实想想挺对不起他的，因为他和我边聊边推销东西，我也不好置之不理，就顺势和他讨价还价。他说二十块钱，我说十五吧，他说最起码要十八，我说十六顶多了。他皱眉挤眼，一副忍痛割爱的样子，说，那就十六吧。我说，我不买。

下了火车之后，我走到地铁站，发现地铁的通道里竟然真的有流浪歌手自弹自唱。他留着小胡须，头发不长不短，眼神有些迷离。他唱的是崔健的《花房姑娘》。时而有人停下脚步，但大多数人匆匆而过，吉他套上的钱只有寥寥几元。

出了地铁，我第一站去了向往已久的天安门广场。很多摇滚歌手都在那里拍过照，我也模仿他们，便花五块钱照了一张即刻就能洗出来的照片。

我按捺不住内心的欣喜，冲着天安门大喊一声："我来了！北京！"喊完之后，一个武警大哥目不斜视地盯着我，我急忙走了。

来北京的时候是秋天，天气有些凉，我穿着一件短袖，外面套了一件薄款的皮夹克。我背着包拎着行李箱，看着长安街的车水马龙以及街道两旁的高楼大厦。

我第一次感觉自己原来是那么渺小，小到即便突然消失了，也不会有人发现。世界还是这个世界，地球照样围着太阳转。

我来到南锣鼓巷，领略了北京胡同的魅力。我也去了王府井，见识了商业街的繁华。直到太阳西沉，夜幕降临，我才发现逛了这么久还没找到栖身之处。

于是，我找个旅馆先住了下来，次日开始去租房子。

我这个人喜欢快刀斩乱麻，怕麻烦，而找房子本身就是要货比三家的事情。我受不了，便直接在某小区租了一个次卧，每月六百块钱。

有了暂时的安身之所，下一步就是找工作了。我买了最新的报纸，从上面寻找着各种招聘信息。

每天我就拿着报纸坐着公交车，去各个地方面试，日出的时候出发，日落的时候回家。我面试过很多职位，其中台球教练、剧组演员让我印象深刻。

台球教练的招聘要求是“会打台球”，而我初中曾一度迷恋台球，我觉得打台球的样子很帅，一杆进洞的样子更帅。

面试地点是一家台球休闲中心，我到了之后，老板问：“会打台球吗？”我说：“当然会了。”他指着一个女孩说：“你跟她试试。”

那女孩上面穿着露肚脐的衣服，下面穿着小短裙，看上去不着边际。让我跟她试试，这不是打我脸吗？

我拿起球杆，说：“你先来。”

她摆摆手说：“还是你先吧。”

我往手上抹了点滑石粉，然后弯下腰，架起球杆，仔细地瞄准。我秉着“进不进，使大劲”的原则，铆足力气全力出击，想来个满地开花。可很遗憾，我滑杆了。出于对我的尊重，美女没有笑，可我还是羞红了脸。

第二次我改变了策略，轻轻地柔柔地稍微一使劲，结果很不给面子，又滑杆了。这次美女哈哈大笑起来，我一脸尴尬。

老板从我手中拿回球杆，说："你要是给人家当教练，人家还不得天天投诉啊！"

后来我明白了两个道理。第一个道理是中国文化博大精深，所谓"会打台球"中的"会"字，并不是指有这个能力，而是要十分精通。第二个道理是做人要谦虚，在台球助教面前千万不要说会打台球，就像去了酒吧别说自己能喝一样。

另一个面试是剧组演员。剧组拍的什么戏我已经忘了，这个戏后来有没有播出我也不知道，但我清楚地记得那天面试的情景。

我到了剧组，把报纸塞进口袋，到群头那里报到。群头问我面试哪个角色，我说完之后他就对我怒目而视，接着骂了起来。他说："你长这么帅面试个屁啊面试，不用面试就知道不行，谁让你长这么帅！"

我心里纳闷，虽然我也不靠脸吃饭，但这张脸也不至于让我没有饭吃啊！群头说："你看看招聘信息。"我拿出报纸。群头说："你看看要求。"我打开报纸，要求赫然出现在眼前，"长相丑陋，气质猥琐"。我看了看群头，说："这样的话我还真不适合。"

我正打算走，群头突然把我叫住，说我倒可以演一个小白脸。于是他把我带到了副导演那里，副导演上下打量着我，幽幽地问："演过戏吗？"

我说："我自拍过。"

副导演说："长得还不错，试试戏吧。"

我以为要跟女演员试戏，没想到副导演亲自上阵。演了几场下来，副导演说我表演生硬，还说好演员得浑身是戏。我说，我懂了。

只见我浑身都充满了戏，一点也没闲着。我龇牙咧嘴，大腿抖动着，胳膊甩来甩去。我说，怎么样，浑身上下都在演戏。说完我还扭了扭屁股。副导演一脸无奈，把我赶走了。

我一连面试了好几天，可惜都是铩羽而归，一无所获。眼看着钱越来越少，只有支出没有进账，我开始有些焦虑。我觉得这样下去也不是办法，总不能当作来北京旅游，转一圈没钱了就回家吧。

有一天我看报纸的时候，一条新闻迅速吸引了我。新闻说，一个北漂来北京找工作，交了两千块钱押金，结果被骗了。找女朋友倒是很顺利，可最后发现人家原来是个酒托。

看完之后，我引以为戒，并得出了结论：自己初来乍到，人生地不熟，很容易被骗。既然如此，那我就转换个思路，干脆找中介公司帮我找工作吧。虽然会有点中介费，但至少靠谱啊。说干就干，我开始记下报纸上中介公司的电话。

电话打通后，我急不可待地问对方有没有好的工作可以介绍，对方说："见面聊吧。"

我按照地址来到一座办公楼，接待我的是一个烫着卷发的阿姨。她涂了眼影，抹了口红，虽然穿得很年轻，但脸上的褶皱早已出卖了她。

阿姨问我："小伙子，你想做什么啊？"

我说："我想做调酒师。"

阿姨问："什么师？"

我重复一遍："调酒师。"

阿姨说："我听过设计师、造型师、工程师，啥是调酒师啊？"

我有点无语，心想连这都不知道你当什么中介啊，这不是逗我玩吗？

我打着手势提高嗓门说："调酒，就是酒，在酒吧调酒。"

阿姨捂着耳朵说："我又不聋！酒吧你就直接说酒吧不得了，还说什么调酒师。"

我笑而不语。

阿姨说："看你形象挺不错的，去酒吧工作正好。先交点押金吧。"

我说："最好能包住宿，房租挺贵的。"

阿姨说："没问题，你有什么要求我都能满足你。先交点押金吧。"

我说："能管饭那再好不过。"

阿姨说："我帮你找，你还信不过我吗！先交点押金吧。"

阿姨三句话不离"押金"，这让我想起报纸上的那条新闻。我心中充满了警惕，不过事已至此，我也没有更好的选择。如果真像阿姨说的能帮我找到包吃包住的工作，那交点押金我也能接受。

阿姨见我犹豫不决，便说："过了这个村就没这个店喽！”

我听完有些着急，说：“阿姨，我知道你在骗我钱，但我刚来北京无亲无故，谁也不认识，我愿意让你骗，但是你得给我介绍个好工作。”

阿姨有些不高兴地说：“你怎么能说我骗你呢？”

我说：“你就是骗，我还不知道吗，报纸上都写着呢。我也说了我愿意让你骗，不过你也别都骗走了，给我留点儿。”

阿姨不再纠结骗不骗的问题，开始满心欢喜地收钱。我打开北京地图，指着我住的小区说：“我就住在这儿，你给我在附近找工作。”

阿姨说：“你不是找包住的吗，还管这些干吗啊？”

说完，阿姨让我坐在椅子上休息一下，她拿着地图坐在电脑前比对着。没等我屁股坐热，她便给我推荐了一些酒吧。

我问：“是调酒师吗？”

阿姨说：“调酒不调酒我不知道，反正是酒吧。”

酒吧在三里屯，我去的时候是白天，因此酒吧看上去和别处并无不同，甚至还要冷清一些。我刚进门，看到吧台坐着几个美女，店长站在一旁正和她们打情骂俏。我东瞧瞧，西瞅瞅，装作没看见的样子。

我告诉店长我是中介公司介绍来的，店长问我想干什么，我说做调酒师。店长拿出几瓶酒和一个酒杯，要试试我的水平。

我很尴尬地说："我目前还不会。"

店长一听就乐了，说："你以为调酒就是几种酒随便兑着玩儿吗？"

我说："那怎样才能做调酒师？"

店长说："你得交学费去学。"

我说："那我现在没有钱。"

店长说："你先做吧员吧，一天管一顿饭，包住宿。"

就这样，我找到了来北京的第一份工作。虽说工资待遇不尽如人意，但怎么说也算有了着落，不至于让我风餐露宿。

人们经常强调第一份工作的重要性，似乎一步踏错终生错一样，我对此不敢苟同。"春有百花秋有月，夏有凉风冬有雪"，我觉得无论做什么工作，我们都会遇到不同的人，经历不同的事儿，都可以收获到很多意想不到的东西。

我也相信，一切都是最好的安排。

60
SVX

一杯酒，
一段故事

不知道大家有没有这种感觉，当你喜欢一个女生的时候，女生稍微打扮一下，你就会心潮澎湃。可哪天你发现女生交了男朋友，那么女生打扮得越漂亮，你心里就会越难受。再漂亮有什么用呢，她并不属于你。

我工作的酒吧在三里屯，算是北京比较繁华的地方。每当夜幕降临，华灯初上，这里便人来人往，川流不息。高高架起的天桥，鳞次栉比的商场，热闹动感的酒吧，让人不禁感叹，这才是北京！

我好像走进了花花世界，一切都是那么新奇，都是那么高档。仿佛街头的一盏路灯、广场的一盆植物、女孩子的别样发卡，都足够让我研究一天一夜。

北京虽然好，但我时常也感到落寞。当我看到衣着光鲜的人出入高档的场所，当我看到出双入对的情侣牵手揽肩，我就觉得自己是个局外人。北京这么好，可并不属于我。

我在酒吧里面做吧员，每月的工资是一千四百块，一天管一顿饭，吃的全是蔬菜，没有一点荤腥。晚上回去住在地下室，我住的房间有六个人，一个床位是每月三百块钱的租金。

对了，我忘了解释，店长口中的包住只是给我安排住处，房租还得自己交。如果我没记错的话，我住在地下两层，可能很多人没听过地下室还有两层，这说明你过得还不错。

如果问我那时印象最深的事儿是什么，我一定会告诉你，饿！我那时肌肉练得很发达了，消耗的能量也更多，每次吃完饭没多久就又饿了。

很多朋友想减肥，其实只要你把肌肉练出来了，自然会慢慢瘦下去。不过话说回来，一个连跑步都懒得跑的人，怎么可能专门去练肌肉呢！

我工资不高，生活得捉襟见肘。若是饿得受不了，我就会去超市买打特价的酸奶。到了月底，买酸奶的钱也没有了，甚至连馒头也买不起，就只能喝水。现实跟想象中的很不一样，想象之中一帆风顺，而现实给了我一巴掌。

母亲每天都会打电话过来，我每次都想告诉她，我好饿！但这句话不能说，打掉牙也得往肚子里咽。如果我说了，那么母亲一定会让我立马回去，而且以后都不一定有机会再出来。我只能撒谎，告诉她我过得不错，有吃有喝，还交了很多朋友。

其实我过得根本就不好，工作也比较累。酒吧的吧员分初级、高级，我最初的工作是每天刷杯子，坐在水池旁边，一坐就是好久。等起来的时候，腰酸背痛，双手泛白。

一个月后，店长让我学习做果盘，这时日子稍微好过一点。我不必一直低着头，也能和人聊聊天。再后来，我就去吧台服务客人了。

我那个酒吧是拉丁酒吧，档次还算可以，因此经常有身着高档服装的人出入酒吧。我很愿意观察他们，尤其是喝醉的时候。他们跟着音乐的节奏，摇臀摆胸，疯狂地扭动着身体。

我就在想，这群人平时衣冠楚楚，满脸斯文，现在又如此疯狂，简直是判若两人。那么，哪个才是他们的真面目呢？

人分三六九等，肉有五花三层。来酒吧的也不全是有钱人，其他收入层次的顾客也有。吧台就是一个世界，就像莫泊桑的《羊脂球》一样，一个车子里面装下了社会的各个等级。

去酒吧玩的女人有很多，有的人纯粹是寂寞想找男人，有的人是为了消遣时间，有的人心情不好想来释放一下。她们偶尔会跟我喝上一杯，我陪她们喝酒玩游戏，她们还会给我一点小费。

来消费的女人大多心事重重，一脸忧愁。我这人心地善良，见不得女人受委屈，于是就变成了“三陪”——陪喝、陪玩、陪聊天。

有时我会开导她们一下，有时即便是简单地聊聊天，她们也会觉得很开心。或许她们只是想找个能说说话的人。因为这事儿，其他同事还给我取了外号，叫作“妇女之友”。

能让男人感到烦恼的事情数不胜数，比如房子、车子，而能让女人烦恼的事情大抵就是感情了。和我聊天的女人基本都是感情受挫，其中有两个让我难以忘怀。

第一个女人长得不算漂亮，但也不难看，属于中等偏上耐看型的。她跟男朋友生气了，正处于冷战之中。我问她原因，她喋喋不休地说了起来。

她说：“我和男朋友都在北京工作，一个在海淀，一个在朝阳，离得挺远就没有住一起。前几天他来找我，我们一起吃了晚饭打算去逛逛商场，去的路上我们嬉闹了一会儿。他拨弄我头发，我也拨弄他头发，但不小心把他的眼镜弄掉了。结果下一秒他就冷着脸捡起眼镜，跟我说让我自己去逛吧，然后就不理我了。我有点生气，就自顾自地往地铁站走，我多么希望他跑过来抱住我啊，可是他没有！他就这样让我一个人走了。”

我听完，分析了一下，说：“他可能觉得你把他眼镜打掉了，让他很没面子。”

她扑哧笑了起来，说：“听你这么分析我突然很想笑。反正不管怎么说，他现在连一个电话都没打给我，每次吵架都冷战，他比我还厉害，他能坚持三天三夜不理我。”

我问：“你们当初谁追的谁啊？”

她说：“他追的我，而且一直说很喜欢我，但我真的没感觉出来。我觉得真的喜欢一个人根本没法忍住不联系对方。”

我说：“没错，男朋友不应该让女朋友生隔夜气。”

她接着说：“所以嘛，难道让我去哄他吗？即便我有错，可是就不能让着我吗？可能当时我去地铁站他跟着我，我就不生气了，我要的是一个态度。当局者迷，旁观者清，你说我该怎么办？我要么改变自己，委曲求全迁就他，要么就是分手。其实我不想分手，只是觉得我们不合适。”

我挠挠头，没有等我回答，她喝了一口酒继续说了起来。

她说：“我觉得很搞笑啊！一周见一次，好不容易吃个饭，然后就成这个样子了！我们俩性格很像，敏感、脆弱，却又倔强。他愿意冷战，他要他的面子。”

我说：“你问问他要女朋友还是要面子。”

她说：“可能我不跟他硬碰硬，像个小女生一样撒撒娇就好了。”

我说：“你得跟他好好聊聊，不然一而再，再而三地妥协，他就习以为常了。”

她说：“算了算了，姐又不是没人爱，爱怎么样怎么样吧！”

说完，她端起酒杯一饮而尽，然后向我挥了挥手，东倒西歪地往门口走去。没走几步，就开始大哭起来，哭声越来越远，逐渐淹没在躁动的音乐声中。

第二个女人很漂亮，符合当下的审美观，长头发瓜子脸，五官精致。她穿着黑色的毛衣，戴着鸭舌帽，看上去有点嘻哈范儿。她点了一杯酒，一手托着下巴，一手拿着杯子发呆。

她说："你怎么看待脚踏两只船？"

我说："这也太不道德了吧。"

她说："我就是。"

我说："其实也不能这么说。"

她说："我有一个男朋友，又高又帅，我们在一起一年多了。他什么都好，就是没有钱，一个月的工资就那么几千块。我这么年轻漂亮，我需要化妆品，需要衣服，需要好好打扮。我真的不想过穷日子！后来，经过朋友介绍，我认识一个'富二代'，他挥金如土，能满足我买衣服、买香水、买包包的欲望。"

"不过嘛，有优点就有缺点，他不好看，一身肥膘，个子还不高，走起路来跟企鹅似的。我跟'富二代'交往了一段时间，他让我做他女朋友，我没答应。我还是舍不得男朋友的，男朋友再没钱，至少我可以带出门啊！'富二代'威胁我，说不跟他好就再也不给我买东西了。我的天哪，为什么不能两全其美呢？为什么不能赐给我一个又帅又有钱的男人呢？"

她说得眉飞色舞、绘声绘色，但我早就坐不住了。这不就是我遇到的那种女人吗？我不就是那个长得帅但没有钱的吗？又想找个好看的男朋友，又想不劳而获坐享其成，天底下哪有这么好的事儿！

我真想问问这个女人，你男朋友电话多少，我赶紧给他打个电话让他离开你。早走早解脱，也不至于一直做备胎还浑然不觉，说不定哪天帽子就绿了。我转而一想，对那个“富二代”来说又何尝不是呢？你很舍得花钱，但人家嫌你颜值低，人家只是把你当饭票而已。你傻乎乎地以为她是一朵鲜花、一个仙女，殊不知她是一个名副其实的“绿茶婊”。

我压制住心里的怒火，说：“完美的另一半总是不好找，两者不可兼得嘛。你要是觉得不痛快，你可以不将就啊，做个单身贵族，慢慢等待那个长得又好又有钱的人出现。”

她说：“不行，一个人生活多不容易啊，下了班连个说话的人都没有，周末想出去玩都没人陪。”

此言一出，我就知道她是一个耐不住寂寞的人。我内心充满愤怒，如果我们不是顾客与吧员的关系，我真想破口大骂。

但这样的想法转瞬即逝，我想这大概也怪不得她吧。依据我的判断，她应该是爱男朋友的，不然也不会跟他在一起。至于“富二代”，她也爱，只不过爱的是钱。听她刚才说一个人不容易，想必也是外地来的。

谁也不是一出生就拜金，如果有钱人不会看不起普通人，如果外界不强加给我们高低贵贱之分，那么什么样的人不值得尊重呢？我们怕别人的目光，我们被欺负怕了，于是我们只有拥有钱的时候才会有安全感。

想到这些，我再看她时竟然多了一丝同情心。我又陪她聊了一会儿，但都是无关痛痒的话，我实在没有什么好办法帮她。

每天和不同的人聊天，好似读不同的小说、看不同的电影。面对着他们，我的心理活动挺复杂的，但这样的生活挺有意思。品味别人的人生，感慨大千世界，无奇不有。

人们常说喝酒看人品，这话有些道理。不同性格的人会点不同的酒，会以不同的方式喝下去。喜怒哀乐，爱恨情仇，喝一杯酒，倾诉一段故事。

酒吧的那些人、那些事

都市白领通常在下午六点左右下班，而这个时间对我来说只是刚刚开始。如果客人少，可能晚上十二点就能回家了；如果生意火爆，凌晨两三点下班也是家常便饭。

下了班，我经常和一帮穷哥们儿去饭馆吃个饭。冬天的夜里，吃张大饼，喝口羊肉汤就是最美的事情。我们没多少钱，但大家彼此照顾，互相温暖。我吃不饱，他们会分给我一口吃的，他们想喝点什么，我也会慷慨解囊。

城市生活节奏快，人们压力大，我们也不例外。有压力就要自行减压，我们最喜欢做的事情就是去迪厅蹦迪，跟着音乐肆无忌惮地舒展着筋骨，一直到大汗淋漓。

蹦迪的时候我总想起一本书，是安妮宝贝写的，什么名字我已经忘记了，只记得描写的是上海的夜生活。纸醉金迷，令人沉醉，令人向往。

蹦迪是需要花钱的，如果哪天想省点钱，我们便换一种方式减压，那就是在马路上狂奔。北京的冬天挺冷的，尤其是深夜，可以说冷入骨髓。于是我们缩着脖子，摩拳擦掌，撒开腿从马路的这头跑向那头，一边跑一边大声号叫。

不管用哪种方式，我们满腹的委屈和压力总会逐渐消散。以前看历史学家写的文章，说中国古代百姓很善于忍耐，其实从我们身上就能窥到一二，有压力了自己释放一下嘛。到了第二天，一切恢复如初，哪里还想着其他事情呢。

等回到家里，我们洗了澡，就穿着睡衣躺在床上聊以前的事情。说是聊以前的事情，其实基本就是吹牛，而吹牛的内容不过是金钱、女人。其中有个哥们儿特别搞笑，他叫翔子。那天晚上，我们聊到女朋友的话题，我打头阵。我一五一十地将我和在服装店遇到的女孩的故事说了出来，中间略有点添油加醋，然后改了个结尾。我没有说她最后跟了其他男人，而是说因为我要来北京而不得不分开。分开的时候，她还送给我一条亲手织的围巾。

说完之后，我都觉得可笑，我什么时候学会讲故事了？可大家听完了却感动得稀里哗啦，羡慕得两眼发直。紧接着，其他人没有甘拜下风，而是各显神通。有人说自己小学就开始谈恋爱，有人说自己一年换了七八个女朋友。

轮到翔子的时候，他支支吾吾，闪烁其词。在我们的逼问之下，翔子抖擞精神，说道：“我之所不说，怕吓着你们。我十五岁就交了女朋友，第二天就把她拿下了！”

我说：“你吹牛吧，不得有点感情基础才能做那事儿？”

翔子说：“吹什么牛，我拿下她如同瓮中捉鳖！”

翔子虽然言辞有力，但语气始终不那么强硬。恰好这时拆台的上来了，有个哥们儿酸溜溜地问：“那个女孩叫小兰吧？”

翔子神情恍惚，紧张起来，问道：“你怎么知道？”

他指着翔子的日记本说：“我早就看过了，小兰怎么拒绝你的，你是怎么伤心哭泣的，上面都有记载。”

翔子听罢，臊得面红耳赤。

除了谈论这些有的没的，我们还会畅想未来。对于未来，可能有人乐观，有人悲观，但我相信每一个来北京拼搏的人都是乐观的。我们都觉得未来能够西装革履，抱得美人归，能够出门有车接，回家有车送。不管通过什么样的手段，最终都会殊途同归。

我们时常畅想一番后，大义凛然地说，兄弟们，一定要记住，苟富贵，无相忘。以后你们有钱了，可别忘了我。这时就会有人装模作样地说，你谁啊，我怎么没见过你啊？大家嬉笑怒骂，乱成一团。

我当了一两个月的吧员，存了点钱，便打算去学调酒。其实我是个乐于学习的人，虽然在学校的时候我有些抵触，但更多的是抵触古板的应试教育，而非学习本身。不学习怎么能进步呢？

学习调酒，学费是两千三百块钱，我算了一下，学成之后每月的工资会涨一千多块钱。这样看来是十分值得的，况且这是我的兴趣所在，即便工资涨得少点我也乐意为之。再者说了，天干饿不死手艺人，学会一样本领，总有用武之地。

当初我和阿乐说好等以后赚了钱，就一起去学调酒。现在万事俱备，只欠东风，我便找到阿乐，约他一起报名。可令我没想到的是，他不再像以前一样斗志昂扬，对自己喜欢的事情充满激情，而是满足当下。

我问："你为啥不去了？"

他回答说："现在挺好的啊，你去学调酒，不仅一个月拿不到工资，还搭进去两千多学费。"

我说："技多不压身，你不能只顾眼前啊。"

他说："你是王八吃秤砣，铁了心要学吗？"

我说："没错。"

他说："祝你成功。"

这是我第一次亲眼看到梦想的死亡。我没有听到鬼哭狼嚎，也没有听到苦苦求救，但我闻到了一股腐朽的尸臭味。

梦想如同一个可爱活泼的孩子，它让我们对生活充满信心，对未来充满希望。可不知为何，潜移默化中，身边的诱惑越来越多，现实的压力越来越大，梦想变质了，甚至逐渐消失了。我们不再为了美好的生活而奋斗，只想安安稳稳地生存下去。有吃有喝，还有点剩余，不就够了吗？可这样真的够了吗？谁偷走了我们的梦想？

我无法回答，我只知道至少我的梦想还在。我可怜阿乐，甚至有点恨铁不成钢，但我也理解他。追逐梦想的道路很累，并非每个人都会选择这条路。梦想除了用来实现，还是用来放弃的。要是谁都能实现梦想，那梦想多么廉价啊！

周星驰的电影里有句台词，“没有梦想的人和咸鱼有什么区别”，我并不是想反驳这句话，反而对此感同身受，我只是想说，咸鱼也值得尊重，咸鱼也是世界的一部分。高山有高山的巍峨壮观，平原有平原的广袤无垠，狮子有狮子的气吞万里，羚羊有羚羊的疾如闪电。

关于阿乐，其实我早就看出了一些端倪。我们刚见面的时候，大家的生活水平差不多。但大家都知道，大鱼吃小鱼，小鱼吃虾米，自然界的生存法则是弱肉强食，人的世界也有这一面，你若是处于社会的底层，就注定饱受欺凌。

我和阿乐是穷小子，又在比较高档的地方上班，平时难免会遇到脾气不好但很有钱的客人。阿乐做事不麻利，又不太会说话，因此经常被人训斥。训斥就训斥吧，那些人还经常连说带骂，甚至侮辱阿乐。

像这种情况我也遇到过，但我不卑不亢，有钱怎么了，有钱只是代表你赚钱的能力强，除此之外说明不了什么。阿乐却极度自卑，人自卑了，就要寻找发泄的出口。于是，他经常去网吧搜一些名牌的衣服，去报刊亭看名表的杂志。他一定在想，我要好好赚钱，不能让别人看不起我！

阿乐也算努力，他晚上在酒吧上班，早上八点又去给别人打散工赚外快。皇天不负苦心人，没多久他就积攒了一些钱。他在吃喝方面没有多大变化，但在穿衣打扮上像是变了一个人。

他开始热衷于名牌服饰。买个国产名牌吧，嫌档次太低；买国际名牌吧，又太贵了。阿乐便省吃俭用，从牙缝里挤出买衣服的钱。这个现象奇怪吧，自己赚钱了，反而吃得更差了。

阿乐模仿有钱人打扮，可无奈腰包不够鼓，模仿得不到位。他上身穿了名牌，可裤子却是个杂牌，裤子买名牌了，又缺了双鞋子。跟其他穷哥们儿在一起的时候，他有些高傲；跟有钱人在一起的时候，他又有些自卑。想混进有钱人的圈子，人家拦着不让进。他像鲁迅笔下的孔乙己，成了一个尴尬的存在。

后来，阿乐终于凑齐了一身名牌，可这时他又发现一身名牌的人都用着好手机，甚至开着小汽车。阿乐有些绝望了，至于他后来怎么样，我不得而知。因为我学完调酒回来，他就辞职搬走了。

在这座多彩多姿但又残酷无情的城市中，像阿乐一样的人不在少数。他们的未来显而易见，混得好了，也许能在这里生根发芽；倘若混得不好，就只能卷铺盖回家了，因为即使不走，也没了支撑自己奋斗下去的动力。

说完阿乐的故事，感觉挺沉重的，下面说说其他人的故事。说实在的，这件事我本来难以启齿，但现在回想起来感觉挺有意思的。

酒吧有个迎宾的男生，叫阿亮，瘦高个儿，喜欢穿着花里胡哨的衣服。他留着中分头，眉宇间透露着一种别样的味道。我没来之前，据说他是酒吧最帅的，我来之后他仅次于我。

因为是本地人，没有后顾之忧，所以阿亮生活得有滋有味。他很活泼，也很健谈，一聊起天来没完没了。他似乎上知天文，下知地理，没有什么不能聊的。对北京的好奇使我有意无意地向他靠拢。

阿亮对我挺好的，在生活方面给予了我不少帮助。我心里不禁生出一股暖流，感叹在北京遇到了好朋友。他看我吃不饱，便从家里给我带北京的小点心吃。到了周末，他还会带我去景点游玩，给我介绍本地的风土人情。本来这种事情很正常，哥们儿嘛，可到了后来我越来越觉得有些不对劲。

如果说给我带东西吃还算情理之中，约我逛街、看电影也能接受，那约我一起看烟火、给我买情侣装是什么意思！

我把你当哥们儿，你竟然觊觎我的美色，竟然想泡我！没过多久，他狐狸尾巴终于露出来了！他跟我说："我喜欢你，我想跟你在一起。"听完之后，我菊花一紧，那股暖流瞬间变成了寒流。

他以为我在考虑，还来了一段内心独白，我连忙打断他，跑了出去。跑的过程中我还在想，万一他像偶像剧里面一样冲出来拉住我怎么办，于是便火力全开，一溜烟消失了。可能遭受了我的打击，他没过几天也辞职了。

从那之后，我电话不接，短信不回，和他形同陌路。我没有歧视同性恋的意思，只是我实在接受不了这种“爱情”。

现在回想起来这些人这些事，其实挺有意思的。我感谢生命中遇到的每一个人，是他们构成了我的生活，填充了我的记忆。也许我们只是彼此的过客，但这同样弥足珍贵。

从北京回到东北

前段时间许巍出了一首新歌，词曲由高晓松亲自操刀。里面有两句歌词：

生活不止眼前的苟且，还有诗和远方的田野

你赤手空拳来到人世间，为找到那片海不顾一切

我一边听，一边热泪盈眶，往事点点滴滴，涌上心头。

到北京后，我生活拮据，经常为了柴米油盐而烦恼。这样的日子有好有坏，好在它使我尝遍酸甜苦辣，锻炼了我坚韧不拔的性格，坏在它在一定程度上磨损了我的青春

意气。

我刚开始也像普通上班族一样，久而久之我感觉自己像温水里的青蛙，如果再没有知觉，估计命不久矣。我想，我不能失去心中的那片海，不能过着苟且偷生的日子。

在我看来，人由物质和精神组成。物质可以指身体，精神可以指灵魂。只有身体没有灵魂，那是行尸走肉；只有灵魂没有身体，那是孤魂野鬼。物质也可以指生活上的物质，衣食住行等，精神也可以指精神生活。无论哪种解释，物质和精神两者都是缺一不可。

什么是精神生活？在我看来就是发展爱好。很多人都有自己的爱好，也有很多人忙着工作而忽略了它。可能你想着等以后赚到钱了，就去好好旅游，好好看场演唱会，好好健身。但某天你真的有钱了，你或许会发现，当初想要做的事情现在不想做了。

这似乎是个悖论，年轻的时候想法多欲望大，但是没钱。等年长一些，有了积蓄，偏偏又清心寡欲了。

就我而言，我追求的是在不伤害别人利益的前提下，自己能够随心所欲。如果不做喜欢做的事，那活着该多么没意思啊！多么浪费生命啊！

我喜欢摇滚乐，到了北京，怎能错过呢？想看场演唱会，没那么多钱，不过没关系，可以去 Livehouse。说实话，我刚听说还有 Livehouse 这玩意儿的时候，像是发现新大陆一样。

我第一次去 Livehouse 没有经验，又不想让别人看出我没有经验，便请教了一下店长。店长经验丰富，以前在 Livehouse 工作过。

他说："你不必去得那么准时，一般老手都会晚一些去。等结束的时候，最好提前出来，不然你会被挤死。"

我说："好。"

他接着说："你去听摇滚是吧，如果别人喊乐队的名字，你就喊牛 × 就行了。别问为什么，就是牛 ×。"

我说："据说听摇滚都很嗨，我万一想嗨，又不好意思嗨怎么办？"

他说："想嗨就嗨呗。一般嗨的都在前几排，前几排站的有果儿，有 pogo 的狂热者，也有单纯的音乐狂热者。"

我说："什么是'破狗'啊？"

我话音刚落，店长疾步上前，撞得我一个趔趄。

我说："说话就说话，你撞我干啥？"

店长说："这就是 pogo！"

店长说得头头是道，我听得认认真真，尽管如此，可还是百密一疏。

那天，我故意晚去了一会儿，等走到门口的时候，一段铿锵有力的吉他 solo 钻入我的耳朵。我急忙跑到售票窗口，买了一张票。

我看着手中的票，有些疑惑不解，我问："我坐哪一排啊？"

售票女孩笑了起来，说："摇滚乐要站着听，解放你的屁股。"

我一头雾水，往前走去。我前面有个女生，浓妆艳抹，身上弥漫着一股香味。她脱掉外套，又娴熟地解开自己的扣子，一对大白兔一样的乳房在马甲里若隐若现。看到这里，我不禁咽了一口唾液。

她指着乳房，说："来，往这儿盖！"

盖戳的小兄弟有些不好意思，迟迟不敢动手。对一个稚气未脱的少年来说，触碰女人的乳房是件羞耻的事情。小兄弟咬着牙，闭着眼盖了上去，盖完之后，满面桃花，双手颤抖。女生若无其事地将外套放到柜子里，扭着屁股走了进去。

我上前一步，也脱了衣服露出胸膛，说："来，往这儿盖！"

小兄弟愣愣地看着我，周围的人笑成一团。

等我走进去的时候，音响传来震耳欲聋的声音。我的前面站满了人，最前方的人已经跳了起来。我没听过这个乐队的歌，但很奇怪，我依然走进了歌曲的世界。

我发现Livehouse和酒吧差不多，只不过酒吧以酒为主，演出只是点缀。而这里正好相反，大家就是来看演出的，喝酒只是助兴。

刚进门的地方有一个吧台，上面摆了一些常见的酒。几个老外坐在高脚凳上，一边品酒，一边交谈。我往前挤了挤，挤到了前面几排。

追光灯打在舞台上，这时我看清了乐队成员的样子，主唱扎着小辫子，戴着墨镜，抱着吉他，看上去十分潇洒。吉他手和贝斯手站在主唱两侧，忘我地演奏着。鼓手在最后面，卖力地敲着架子鼓。

主唱唱完一首歌，大家连忙伸出手，做着摇滚的手势。然后大家就开始呼喊着乐队的名字，我见状连忙跟上脚步，大喊“牛 ×”。

我假装是个老手，可下一秒就露馅了。当主唱唱下一首的时候，我断定这应该是他们的主打歌，因为大家更加疯狂了。不知是谁，突然撞了我一下，我挪开身子，又有人撞了我一下，我这才想起店长所说的pogo。

我抬起胳膊，攥紧拳头，加入了pogo大军。同时，场地里开起了火车，轰隆隆，轰隆隆，围绕着我们转着圈。我撞得身上热乎乎的，便脱了衣服，没等我缓过神，一个女孩站上舞台背对着我们，然后竟然倒了下来。

我以为她是不小心脚滑跌落的，便连忙接住了她，幸好我肌肉发达，接住她不费吹灰之力。那一瞬间，我想起了很多武侠剧里面的场景，女主角身受重伤从空中落下，男主角纵身一跃，抱住女主角，两人摆好pose，在空中旋转。

正当我沉浸在自己的世界中，她呼地把我推开，我一看，原来是那个在胸上盖戳的女孩。

她转过身，又跑到了舞台上，接着重复了一遍刚才的动作。这一次，大家一齐接着了她，然后传来传去，她翻滚着身体，欢呼雀跃着。后来我才知道，这叫作“跳水”。

演出接近尾声，我没有听店长的提前出来，而是听到了最后一刻。我热爱摇滚，我之所以来看演出，不是装×，不是凑热闹，而是在这里能找到我想要的东西。跟着旋律和歌词，让荷尔蒙自由奔放，让情绪瞬间点燃。

我并不觉得pogo、跳水就很摇滚，真正的摇滚不在

表面，而在内心深处。只不过有些时候，由里及外。摇滚乐本身不就如此吗？通过音乐的方式，表达自己的态度和思想。

第一次听摇滚很过瘾，时至今日，我已经听过无数的摇滚现场，但第一次令我终生难忘。我在现场拍了一些照片作为纪念，也正是因为这些照片，改变了我短期的人生轨迹。

我来北京之后，总会怀念亲人，除了跟母亲打电话，还会跟表哥聊 QQ。我很乐意把在北京的所见所闻分享给他，也会把一些照片传给他。那天也不例外，我将在 Livehouse 拍的照片传给表哥，告诉他我在现场听摇滚了。可没多久，母亲就给我打来了电话。

具体情况我不知道，我猜测是这样的。我给表哥传的照片，大多是看上去比较奢靡的，有酒吧、有迪厅，也就有了穿着暴露的女人、炫目的灯光以及酒。这些东西对保守的小城市来说，无疑代表着肮脏与糜烂。

不知怎的，这些东西就传到了母亲的耳朵里。母亲觉得我在北京不务正业，不是喝酒就是泡妞。母亲见不到我，便开始幻想，一想到我跟不三不四的人在一起，甚至打架斗殴以致锒铛入狱，她就崩溃了。

她给我打了好多电话，质问我，我每次都要耗费大量时间跟她解释。但她还是给我下了最后通牒，她说："你不回来，我就死给你看！"在这句话面前，我永远都不可能赢。

经过后来一系列事情，我发现原来这是个阴谋。舅舅在内蒙古开了一家公司，想让我在家族公司打工，便开始给我母亲洗脑，说我天天瞎混。母亲没文化，也分不清东南西北，被他三言两语就给唬住了。

从家乡到北京，就像从小溪到了大海。天高任鸟飞，海阔凭鱼跃。在北京不管怎么样，只要你努力奋斗，就存在着希望。有人说来大城市打拼就像读一本小说，你无法预知小说的结局，因此充满了悬念，也充满了期待。

回到家乡呢，找个正儿八经的工作，几年后结婚生子。闭着眼都能想到，现在是这样，以后依旧如此，一点意思都没有。

我曾经想过这样的问题，就是我到底会不会哪天坚持不下去了，而主动回到家里。没想到我还没投降，后院就起火了。从北京回去的感觉正好和刚出来的时候相反，这一走不知何时才能再来，但我相信，我一定会再回来的。

我做了摄影师助理

从北京回到东北的时候，正好临近除夕，如果换一种方式回来的话，我想一定是满心欢喜的。不过很遗憾，我不是专门回来过年的，而是被逼无奈。当踏上故土，一种无力感油然而生，我像是打了败仗的士兵一样，垂头丧气，毫无精神。

读中学的时候，语文老师很崇拜鲁迅，他曾给我们分析过《在酒楼上》这篇文章。当初年纪轻轻，看不出其中奥妙，现在回过头来，才发现如此经典。我不就是那只苍蝇吗？

我遵循着梦想的方向一路飞翔，可绕了个圈子，最后又回到了原点。我感觉有一根无形的绳子，它结结实实地拴着我，无论我在哪里，它都有办法把我拉回来。

回去的那段时间我有些自闭，不想出门见人，也不想别人来见我。很多朋友都知道，出门在外的人回到家乡后，亲朋好友总是会嘘寒问暖。对于学生，可能会问关于学习成绩的问题，对于已经上班的人呢，收入和对象是无法避免的。

有人问我，桢航啊，你出去那么久，赚大钱了吧？有人问我，北京怎么样，好不好玩？你在那儿谈好对象了吗？还有人问我，这好端端的怎么回来了，不会出什么事了吧？

在这些人里面，有些人是关心我的，可大多数人都是虚情假意。令我感到讶异的是，很多关系比较近的人往往希望看到我出丑，看到我混得很不堪，仿佛只有如此他们才能找到平衡感一样。

经历过挫折，总有一段心情灰暗的日子，感觉永无出头之日。不过随着心态的调整，身处黑暗中的我又憧憬着阳光。只是在阳光来临之前，我得先找一份工作，毕竟这么大了不能再靠母亲养我了。

因为我喜欢绘画，所以就找了一份相近的工作，在一家影楼当摄影师助理。虽说摄影和绘画相近，但其实还是有很大区别的。当然，一千个读者眼里有一千个哈姆雷特，这只是我的主观看法。

在我看来，绘画和摄影最大的区别就是前者更注重表达，后者更偏向于记录。绘画就像摇滚乐一样，往往要表达自己的态度，用自己的心来表达对这个世界的认识。绘画没多少规则，可以这样，也可以那样。当我铺开纸拿起画笔，画什么不画什么，明暗如何把握，色彩如何运用，我都会有自己的主观选择。

与绘画相比，摄影缺了点艺术感，多了些真实性。摄影是简单的，也是困难的。很多人认为摄影多么简单啊，一按快门，不就行了吗？说得没错，可你怎能保证眼前的画面跟自己想象中的一模一样呢？

两者之中，毫无疑问我更加热爱绘画。为什么我选择了摄影呢？因为绘画难以让我养家糊口，而摄影不管怎么说，只要我做了这个工作，就不会饿肚子。

我相信很多人都会有这种感觉，不喜欢自己的工作，工作无法带给自己精神上的愉悦，而喜欢做的事情呢，又不能填饱自己的肚子。

如果在我年少轻狂的时代，我一定会激情澎湃地告诉你：为了兴趣和梦想放弃一切吧！但是现在我不能这样说，我不能看似潇洒其实是不负责任地误导大家，我也不希望大家成为一个生活窘迫、空有梦想的人。

在如何处理梦想和现实的问题上，我的观点是，人要坚持自己的梦想，但如果梦想与现实发生冲突的时候，要以现实为重。你不是生活在乌托邦的世界，你也需要柴米油盐酱醋茶。你一定要清楚，你喜欢做的事情未必会给你带来物质的回报，就如同你觉得课外书比教科书好看，但课外书并不一定能提高你的成绩一样。

说到这里，我突然想到一件很有意思的事儿。有些公司会问应聘者这个问题：你如何看待“干一行爱一行和爱一行干一行”的关系？这个问题和我上面谈到的有异曲同工之妙。

这种问题没有标准答案，也没有参考答案。面对十字路口的选择，说起来容易做起来难，尤其对于天生就不会做决定的人来说。但不管怎样，都要尽量做到无愧于心，无愧于若干年后的自己。

结婚的人啊，你们真的幸福吗

以前看电视的时候，里面经常会有一些情节，徒弟拜师之后并非直接学习师傅的本领，而是先做一些端茶倒水的事情。

我虽然叫作摄影师助理，其实说白了就是摄影师的学徒，我本打算一进来就学习摄影，没想到命运跟电视剧里演的是一样一样的。

按照师傅的话，先让我在影楼里面熏陶一下，熟悉熟悉相关的东西。于是我就每天穿着一身白色的西装，梳着大背头，接受着熏陶。

师傅见我这么穿，说："你天天扫地，不怕弄脏衣服啊！"

我说："人靠衣装马靠鞍，穿好看点站在外面给您长脸啊！"

师傅笑着说："照你这么说，你还是咱们的形象代言人了？"

我说："不不，师傅您比我英俊潇洒，要做代言人也是您啊，赶明儿您自己拍一组写真当宣传照。"

师傅咂咂嘴说："你难道不知道厨师在家不做饭吗？我干摄影的，从来不拍自己。"

我说："那您教我呗，我为您拍。"

师傅呵呵地笑了。

我这么穿有好处也有坏处，好处就是我捯饬得好看一点，人家相信我们影楼的实力。就像一个发型师，如果自己的发型都是一塌糊涂，那人家怎么会来理发呢？至于坏处，那就是人家时常把我当作新郎。

我们的影楼偏向于婚纱风格，因此前来拍照的顾客大多是情侣或者夫妻。有一次，一对情侣来影楼拍照，新郎很丑，新娘很美，恰好新郎穿的也是白色西装。作为一名专业的摄影师助理，即便看到如此不和谐的场面，我也不能嘲笑人家……其实我心里一直在说，可惜好白菜都让猪给拱了。

他们走到我身旁，新娘站在我和新郎的中间。他们询问着关于价格、拍摄风格的问题，我对此一一作答。不一会儿，又有一对情侣进来了，女生走上前，问那个新郎："你们这儿能拍海景吗？"我刚想回答，没想到她指着我和新娘，跟男朋友说："你看啊，他们穿得多美，我也想要这个风格！"

她说完之后，又噼里啪啦说了一大堆，但我都没记住，我只记得那位新郎脸一黑，牵着新娘的手走了出去。我和那对情侣站在原地，互相尴尬地看着。我不禁感叹，真是成也萧何，败也萧何啊！

待了一个多月，师傅便开始教我摄影方面的东西。师傅经常带我去各个景点，一边讲解，一边拍给我看。如果有客人要求拍外景，我便去给师傅打下手，也就是打反光板。

天赋很重要，努力同样重要。我坚信机会一定会来临的，只是在机会来临前，一定要做好准备。否则的话，机会来了跟没来有什么区别呢？

但凡做一件事，就要认真地对待。我不敢说我是一个有天赋的人，也不敢说我是一个很聪明的人，但我敢说我很努力。我学习摄影的时候，即便是回到家或者在路上，都会思考。比如我看到一个画面，就想着怎么选角度才能拍得更好看。

终于，经过一段时间的努力，师傅开始让我尝试着上手。刚开始很多人不愿意让我拍，觉得我没有经验，当然也有客人愿意给我机会。机会来了，我毫不犹豫地抓住了。

拍得越多，技术越纯熟，这时我突然发现技术方面的东西已经不再那么有趣。有趣的是人，是我镜头下的那些即将步入婚姻殿堂的情侣。也正因为如此，我发现了婚姻其实并不是那么美好。

每天到影楼的人络绎不绝，他们换着不同的衣服，按照我的指导依偎在一起。快门一按，咔嚓咔嚓，一张张照片保存了下来。他们笑得很甜，仿佛充满了爱意，但放大之后才发现笑容很僵硬。

他们并没有想象中那么快乐，爱情也没有想象中那么浪漫，爱情在现实中是庸俗的，是让人喘不过气的。我曾经看到过有些新婚夫妇甚至一边吵架一边拍照，我就在想，既然这么不开心，又何必要在一起呢?

我拍过的夫妇，至少有一半并没有发自内心地快乐，或者说他们不是心甘情愿地结合。不像欧美的婚姻那么浪漫自由，在教堂里面牧师会问他们，你愿意嫁给他吗?或者你愿意娶她吗？

也许我们缺少信仰，只认现实；也许我们没有浪漫，只有生活。在我眼里，选择一个陪伴自己一辈子的人，要宁缺毋滥。如果找不到，宁愿单身。婚姻是一种契约，也是一种束缚，好的婚姻会让人甘愿承受这种束缚。

记得有一天，外面下着大雨，一辆汽车停在影楼门口。一对情侣走了下来，男生留着中分的发型，戴着眼镜，女生有点圆润，身材比较丰满。

他们走进来后，滑稽的事儿出现了。一般来说，拍婚纱照的时候要么男生拿主意，要么女生拿主意，要么两个人商量着来。可是他们呢，恰恰相反，谁都一副无所谓的样子。

我问他们拍什么风格的，他们说随便。我问他们拍多少价位的，他们也说随便。听完之后我就挺想笑，随便的话，那我给你们来个最贵的行不行？话说回来，我也不是黑心商人，我最后按照自己的理解为他们量身定制了拍摄风格。

接着，我让化妆师带着他们去化妆间化妆，没过多久，男生就出来了。他坐在沙发上，点燃一支烟默默地抽着，我看他一脸忧愁，不由好奇起来。按理说人生有四大喜事，他都要结婚了，怎么还愁眉苦脸的呢?

他越是皱眉抽烟，我就越是好奇，但我又不能直接去问:“嘿，哥们儿，这快结婚了，怎么这么不开心啊?”中国人说话讲究峰回路转、曲径通幽，于是我就遵循此道试了试。果不其然，没过多久他便开始吐露心声。

他说:“我其实之前有女朋友，大学同学，我们从大一就在一起了。毕业后我把她带回家，但我爸妈嫌她个子矮，家庭条件不好，就让我趁早分手。可是你说，这些年的感情怎么可能说抛弃就抛弃呢，况且我根本就没想抛弃。”

“爸妈不同意，我就只能表面上告诉他们我们分手了，其实背地里还在一起。爸妈生我养我不容易，要是在这事儿上跟他们对着干，我良心过不去啊!

“我原以为他们知道我分手了，就不会再过问这件事。后来发现我错了，他们原来早有预谋，他们已经给我找好了合适人选，就等我分手呢!

“他们跟我提起这事儿的时候，我特别抵触，于是他们就偷偷地看了我的手机。他们从这里面知道我撒了谎，就给我女朋友打电话，让她别再缠着我，还说我马上就结婚了。

“女朋友性格比较柔弱，可能被我妈唬住了，有些扭扭捏捏的。我看出有些不对劲，便开始问她，在我的逼问之下她一五一十地说出了实情。我特别伤心，一气之下离家出走了。

“我想我要和女朋友在一起，只有一条路，那就是自立门户。经济独立了，他们也就管不了我了。但是你也知道，‘自立门户’四个字，说起来容易做起来难。我走的时候没带多少钱，我和女朋友住在一个出租屋里，房间很小，没有空调也没有热水器。

“我找了份工作，工资不高，但我觉得很幸福。可能和喜欢的人在一起，吃糠咽菜都会很幸福吧。不过后来我就有些愧疚了，我女朋友如花似玉的年纪，却跟着我在这儿受罪。我吃不饱穿不暖无所谓，可是她不行啊，我给不了她丰厚的物质生活，我感觉对不起她！

“没过多久，她怀孕了！刚开始那个月没来事儿，我们还以为推迟了，但一个月都没来我们就慌了起来。

“我没做好准备要孩子，孩子就要来了。怎么办呢？女朋友不想打胎，她觉得打胎不仅会给她的身体造成很大的伤害，而且在心灵上将是一辈子的创伤。最后没办法，我只能再次把女朋友领回家。我想，都过去这么久了，而且都有孙子了，总好一些了吧。

“结果很显然，还是没有商量的余地，我们买的礼品还被扔了出来。父母说我不是个好儿子，一点都不为他们着想。我跟我妈说女朋友怀孕了，我妈竟然说怎么怀的就怎么打掉。这话彻底刺痛了我女朋友，最终还是打胎了，而且女朋友从那之后再也没有和我联系过。我们分手了，或者说我被分手了。

“现在说回那个合适人选，看，就是还在化妆的那个。怎么样，你能看出来我并不喜欢她吧？她爸在县政府里面工作，我家又是做生意的，所以，你懂的。

“这个女人是个厉害角色！在我之前，她不知道跟多少个男生交往过，我问她什么，她就跟我撒谎。有些鬼话可能连她自己都不信，但她就是敢这么说。我能怎么办呢，只能装糊涂，我得把她当姑奶奶伺候！

“常言道，家丑不可外扬，但我还是跟你说说吧。晚上睡觉的时候，她会说梦话，而且每次说出的人名还不一样！够牛吧！她是女人，即便家庭背景深厚，可咱们做男人的，其实还是很在意女人纯不纯洁，对吗？她太有故事了！

“当然，我知道她也不喜欢我，你没看刚才她对我都没有什么好脸色吗？她文化水平低，喜欢那种比较张扬的、放荡的，一起玩嘛！但是玩到最后，轮到我接盘了。”

他说完，又嘬了一口烟，吐出一团烟气。他未婚妻从化妆间走了出来，看上去性感妖娆。他站起身，走到她的身旁，两人互相打量了一下。

我拿起相机，告诉他们：“离近一点！离近一点！”这句话说出来我都觉得好笑。

突然之间，我感觉很多人都是戴着假面具的人，彼此看不到对方最真实的心。我们也没有时间去了解对方，只是匆匆忙忙地互相权衡一下条件。合适了，就在一起；不合适，就说拜拜。

结婚的人还是很多，每天数不胜数。可是那些结婚的人啊，你们真的幸福吗？

内蒙古的快乐时光

我是一个特立独行的人，很多行为别人无法理解。大部分人进入某个行业以后，都会熬个几年，慢慢等到出头之日。可对于我来说，月盈则缺，水满则溢，凡事过犹不及。当达到一个理想的状态时，我便抽身而退。

在影楼待了一年左右，我觉得时间刚刚好，如果少于一年，我可能还没有尝遍摄影的趣味，但如果多于一年，又会觉得有点乏味。当我琢磨着要不要换个工作的时候，正好遇到了舅舅。

不知道活儿少还是怎么着，舅舅从内蒙古回来了。我印象中舅舅喜欢穿着阔腿裤，将裤腿掖在短筒靴里。每次我见到他时，他都会抽着粗粗的烟卷，一边吞云吐雾一边跟我唠嗑。

看舅舅满脸沧桑，就知道他很有故事。我们是截然不同的人，但我对他描述的那种生活特别向往。

有一天，舅舅问我：“很多人一辈子都没有去过大西北，你愿意去吗？”

我好奇心强，便说：“愿意啊。”

他又问：“你愿意跟着我一起去工作吗？”

去工作，我并没有这个打算，我计划着先答应了再说，玩够了我再偷偷跑回来。

跟舅舅去内蒙古，母亲自然很放心。过了没多久，我和舅舅就开着吉普车上路了。从辽宁省丹东市到内蒙古阿拉善右旗，我们翻山越岭，一路向西。一会儿是黄土高原，一会儿是丘陵平坡。路上风光旖旎，美不胜收。

大概开了一个月，我们终于到达了内蒙古。随着车子的行进，一片戈壁滩逐渐进入我的视线，我不由得惊住了。那是我第一次见到戈壁滩。戈壁滩广袤无边，上面布满了粗砂、砾石，开车的时候都能听到咯吱咯吱的响声。

我激动起来，这就是我内心深处的东西啊！我爱这里的空旷，爱这里的自由，爱这里的狂野！我当即决定，我要在这里生活，我要让肉体与灵魂融合在一起。

既然要留在这里，自然就要工作，总不能赖着舅舅白吃白喝。舅舅给我安排了工作，做矿工化验师。听到带有“师”这个字的时候，可能很多朋友觉得这是一份高大上的工作，其实并非如此。

我每天要做的事情就是开着卡车去戈壁滩装运大石头，接着用搅碎机将石头弄成一个个小石块，再用榔头把小石块砸成碎石渣，然后把石渣放到捣蒜的蒜臼里捣成粉末。最后将粉末放到筛网里面来来回回地筛着，筛好之后开始化验。

所谓的化验，就是将粉末放到一个容器里面，往里面加化学试剂。学过化学的朋友会知道，通过一系列的测量，能得出金、银、铜、铁的含量。等化验好了，要写一份报告，根据含量高低决定是否开采。

听起来很刺激，但真实的工作环境是比较恶劣的。我们的化验室特别简陋，甚至连过滤排放废水的装置都没有。由于缺乏科学常识，我们经常将化验后的废水倒进水桶里，然后拎到室外倒在地上。酸性试剂的腐蚀性很大，化验室周围寸草不生，十分可怕。

除了化验，我还会做一些其他的工作，比如采购。我是老板的外甥，因此管钱成了顺理成章的事情。我隔三岔五就要开着车去菜市场买菜，然后给工人做饭。我做饭比较讲究，葱姜蒜先爆锅，炒菜的时候锅里面有火。工人们都夸我做饭挺好吃的，像是饭馆味。

我住在阿拉善右旗的一个小镇上。可能为了满足当地游牧民族和前来开矿工人的生活需求，才有了这个小镇。小镇很小，十分钟就可以逛完整条街。镇上有几家饭店、一个菜市场、一个网吧、一个 KTV，还有一个按摩院。

KTV 里面很破，音响经常噼里啪啦，前台只有白酒和啤酒两种酒。至于按摩院，戈壁滩几乎没有女人，很多矿工又是只身来到此地，自然会有性需求。

我刚去那儿不久，对什么都抱有强烈的好奇心，我经常忙里偷闲开车出去看一看。从小镇往北出发，越过戈壁滩后就能看到大沙漠。沙漠一望无际，太阳照在上面，一粒粒沙子闪烁着光芒。

我开着车，开着开着就会看到前面经过成群结队的骆驼，它们虽不是雄赳赳气昂昂，但也步伐有力。要说最有意思的事儿，那必然是在毫无征兆的情况下，前面突然出现一片绿洲。

在漫天黄色的沙漠中看到绿洲是何等让人兴奋啊！那边还是一片荒凉，转眼间这边就是绿意盎然。我记得有一个小湖泊，水面非常平静，都能看到里面的鱼儿游来游去。

阿拉善右旗的地势是南高北低，在西南部和中部有连绵起伏的山脉。有一段时间我没什么工作，便去了山里生活。我带了一些生活用品，比如大米、面粉、蔬菜，还有汽油、发电机和帐篷。除了这些，我还带了一把吉他和一条狗。

狗的名字叫凯奇，品种是哈士奇。一般的宠物狗都是娇生惯养，吃配好的狗粮，睡铺好的床。而凯奇恰恰相反，它骨子里就有一种野性，它不吃狗粮，不睡床。它喜欢在外面奔跑跳跃，尽情撒野。

我停好车，便到了山里。我搭好帐篷，挖了个菜窖，将蔬菜囤了进去。我在山里的生活井井有条。早上起来的时候，先锻炼身体，然后站在山头打电话。山里的信号不好，有时候打不通，我便躺在石头上看看书。

每当夕阳西下，我喜欢去沙漠里玩。我背着吉他，凯奇跟在我的身后，我们的身影逐渐拉长。若找到合适的地方，我就盘腿而坐，开始自弹自唱。这时凯奇便卧在我的身旁，伸着长长的舌头。

到了晚上，我会下山把车灯打开，然后挂上沙包练拳击。等练得浑身疲倦，便回到帐篷里睡觉。

在山上这段时光我很快乐，我也发现快乐和金钱并没有多大的关系，能让我们感到快乐的往往是金钱买不到的，比如清新的空气、美好的风景、惬意的生活方式。快乐其实很简单，关键就看你怎么去选择。

生命不息，探险不止

记得高中的时候，语文书里面有篇文章是王安石的《游褒禅山记》。文章讲的是王安石游历褒禅山的所见所思。具体怎么游的我早就没有印象了，但里面几句话成了我探险的座右铭："夫夷以近，则游者众；险以远，则至者少。而世之奇伟、瑰怪，非常之观，常在于险远，而人之所罕至焉，故非有志者不能至也。"

说得一点没错，世界上奇异雄伟、非比寻常的景观，一般都在危险偏僻的地方。如果谁都能见到的话，那还叫什么非比寻常呢！

我是个好奇心很强的人，好奇心强的人总喜欢探险。在内蒙古沙漠，我曾经有过两次探险经历，而这两次都差点有去无回。

第一次探险本来没出什么事，可在回去的路上却发生了意外。那天下午，我开着两驱的皮卡车从沙漠回去，半路突然看到一只五彩缤纷的大鸟。我心里好奇，便打算下车一探究竟。

下了车，我看到大鸟在我前方不远处的小坡上，于是我偷偷摸摸地绕到另一侧。等我走近一看，嗬，果然是一只好鸟！只见它羽毛华丽，抬着栗红色的头，眼睛炯炯有神地看着前方，像是沙场的将军一样。

我缩着脖子猫着腰，弯着胳膊举起手，想要扑过去。遗憾的是它警觉地飞走了，不过没飞远，离我十几米的样子，我再次往前扑去。就这样，每一次我扑过去的时候，它就向前飞一点。

我心想，这鸟真是聪明，它倘若一下子消失不见了，我可能也就败兴而归了。但它非得给我一点希望，让我去追逐，然后又不让我得逞。

我追啊追，不知不觉已经晚霞满天。我转过头，发现都看不到皮卡车了，这才意识到自己跑得太远了。我折返回去找到车，但车子怎么也开不了。我下车一看，不禁目瞪口呆，轮胎已经陷进了沙子里。

不过我觉得也没多大的问题，于是便打开随身听，一边听歌一边挖沙子。可挖好沙子还是开不了，我觉得有些不对劲，心里害怕起来。太阳逐渐落山，车里汽油不多了，而且车内没有饮用水。沙漠里昼夜温差大，晚上特别冷。如果我在这里待一晚上，估计第二天就冻死了。

我越想越急，为了防止轮胎越陷越深，我去远处找石头。天渐渐黑了下来，我打开车灯，将远处的石头慢慢往车旁运着。运好之后，我把一部分石头铺在车下，将千斤顶放在上面工作。而另一部分石头，我用来在车前铺了一个小坡，防止打滑。

等一切就绪，我坐上车，屏气凝神地看着远方。我一踩油门，只听轰的一声，车冲了出去。

我成功了！我欢快地在沙漠里旋转，也许是太开心了，没过多久我竟然啜泣起来。我那一刻特别想分享我死里逃生的心情，但是没人听我诉说，茫茫大漠里面只有我一个人。

回去的时候，我六神无主，心有余悸。我想万一我有个三长两短，我妈该怎么办啊？万一我离开了这个世界，会有遗憾吗？想着想着，车前突然闪过一道黑影，接着车子颠簸一下，血腥味弥漫进来。我定神往前看了看，一只小羊躺在地上一动不动，我用车灯晃了晃，它还是没有反应。

我把它撞死了！尸体的腥臭味越发浓烈，这种味道让我觉得惊恐，它穿过我的皮肤和呼吸道，直接侵入我的心脏，在我的身体内翻江倒海。我想这可能是它因生命无辜逝去，正通过灵魂散发出来的哀伤吧！

我顿时慌乱起来，准备赶紧开车离开，但我发现我的车牌掉在了羊的尸体上。我走下车，捏住鼻子，一步步向尸体走去。我拿车牌的时候，正好碰到了尸体的皮毛，我吓了一跳。我将车牌扔到车上，匆匆离去。

回到家后，我魂不守舍，老是回想着小羊的尸体。俗话说不做亏心事，不怕鬼敲门，我心里像是有个疙瘩一样，怎么也解不开。其实当时开车的时候，留给我的反应时间并不多，如果我来个急刹车，可能就翻车了。

生命已逝，无法追回，但是对于牧羊人来说，这是一笔经济上的损失。既然这样，那我就把这份愧疚补偿给它的主人吧。我开着车，再次回到那个地方，小羊的尸体没有了，我也没有找到它的主人。这件事就这样不了了之。

第二次探险我找了两个同伴，一个是我表弟，一个是老矿工。傍晚时分，我们越过戈壁滩，往峡谷走去，这时里面突然传来千奇百怪的叫声。我很兴奋，但是他们很害怕。

这时，老矿工对我们说：“快回去！”

我不想回去，但拗不过他，只得暂且作罢。回去后，那奇怪的叫声时常在我耳畔回荡，让我更加好奇。我找了个时间，在他们都没有注意我的时候，孤身一人前去继续探险。

我背着包，里面装了一瓶矿泉水和一副手套。我爬到峡谷上方，看到缝隙里面有累累白骨，可能是山鹰抓了兔子、老鼠吃剩的骨头。我又往前走去，发现了一些小山洞。我往里面一看，只见一双双红色的眼睛特别亮。

我继续往前走，可越走越冷。我从峡谷翻过去的时候，看到下面有一头骆驼的尸体。我走过去，发现尸体已经风化，尸体里的尸虫也干瘪而死。我判断这是一头小骆驼，死了几个月了。我跪在那巨大的尸体面前，心想骆驼这样坚韧的生命，为何在沙漠里也会缴械投降呢？

我突然有种疲惫的感觉，或许某些天以前，小骆驼就像我一样，形单影只地走在沙漠中。它走啊走，走啊走，不知走了多久，可还是望不到头。沙漠那起起伏伏的优美线条变得恐怖起来，阳光也不再温暖了，大自然终究是残酷的。

我对着骆驼鞠了一躬，然后动手拧它的头，我打算做成一个头骨。不过拧的时候很吃力，虽然它死了，但是筋骨和皮毛还连接着。我一使劲，骆驼一下子翻了，里面沾着血腥的沙土弄到我的脸上。我终于将头拧了下来，便提着头往前走去。

太阳落山后，我发现我迷路了，没有灯光，没有方向，我觉得哪里都是北边。看着手中只有半瓶水，我不禁害怕起来。我靠着直觉，一直往前走，我多次试图拨打手机，可没有信号，一个电话都打不出去。

就当我感到绝望的时候，突然看到天上飘过一朵乌云，月亮露出了头。顺着月亮的方向，我看到一面旗帜迎风飘扬。天哪，那不就是钻井队的井口吗！只要朝着那里走，就能走出沙漠，回到家里。

我走了一个多小时，才走出去，这时我看到前方星光点点，都是小手电筒。我知道他们正在找我，毕竟我是老板的外甥。当我冲过去的时候，表哥先是愣了片刻，然后上来就是一个飞脚。我从地上起来，拍拍身上的土，大笑起来。

经过这两次探险，我更加明白探险的意义了。探险从来都是充满危险的，而正是这危险，让人感到生活不是那么无聊和庸俗。我爱探险，生命不息，探险不止！

没开始的
异地恋

对于爱情，一般有两种论调，一种是只要喜欢，就要勇敢去追，幸福把握在自己手中；一种是不要去追，真正的爱情不是追来的，而是互相吸引产生的。

是不是很奇怪？以上两种论调，分别来看哪一种都很有道理。第一种讲的是喜欢、是真诚、是追求，如果你喜欢一个人而不去表达的话，又哪里会有机会在一起呢？第二种讲的是顺其自然，强扭的瓜不甜。该是你的跑也跑不掉，不是你的即便追来也迟早会离开。

这两种论调就像是事物的阴阳两面，其实并没有对错之分。你可能会发现，当你正在追求心仪之人的时候，你一定信奉第一种论调。可是当你惨遭拒绝，或者分手之后，便又转到了第二种论调。

我在内蒙古认识一个朋友，叫阿美，长得很漂亮，但性格大大咧咧，喜欢穿着迷彩服。她经常和男生打架，很多男生都打不过她，只有我能和她过上几招。不过正人君子的我跟她打架很吃亏，打不能打，抓不能抓。

她喜欢喝酒，都是四五十度的那种酒，说实话在这方面我还真干不过她。她每次喝完酒，就非得拉着我絮絮叨叨说一大堆话。

有一次她聊到了感情问题。她搂着我的脖子，酒气醺醺地说："兄弟，姐三年前那段感情，真是毁了我啊！那时候我性格不是这样，顶多有些顽皮，其实还是挺温柔的。我出去打工，认识了那小子，没多久他就开始追我。"

"我架不住他的死缠烂打，防线就这样慢慢破了。我们在一起半年左右，就做了那种事情。经常听人家说，不要太早超越最后一道线，不然女的越陷越深，男的越来越无所谓。

"人家说得一点没错啊！我觉得做不做那种事，女人都会越陷越深，只不过做了以后会让女人有一种归属感，觉得自己属于这个男人了。可男人不这么想，在他们眼里，只不过又征服了一头猎物。

“后来工厂倒闭，我回到家，我们开始了异地恋。分开之前，他信誓旦旦地跟我说，让我等着他，他一定会来找我的。哼，这都多久了，连个影子都没见着。

“QQ 空间不是经常有这种日志嘛，说异地恋看不见摸不着，本来小小的矛盾，一个拥抱就能解决，到最后却闹成了分手。我用亲身经历证明了，异地恋真的不靠谱。

“异地恋的时候，对方说的话不一定是真话。他告诉你想你了，说不定旁边就坐个美女呢！他说他正在洗澡，说不定已经跟别人上床了！

“女人又是天生的侦探，稍微有一点风吹草动，都能激起一阵涟漪。我也是犯贱啊，为什么翻他的 QQ 空间呢？还去看访客记录。通过这些东西，我似乎明白了什么。我去问他，他还不承认，还说我不信任他，要跟我分手。

“分手，呵呵，看来是早有预谋啊！自己做了对不起我的事情，搞到最后还是我的不对，该愧疚的人还是我，真是搞笑啊！我心里想，去你的吧，老娘还不稀罕你！”

我拍着手，说：“我敬你是条汉子！不过那男的也太不要脸了吧！”

她说：“其实想想啊，也不怪他，我们都年轻，耐不住寂寞很正常。有些事是你无法控制的。他总会遇到别的女生，总会再次感受喜欢的感觉，人又不可能一辈子只喜欢一个人。”

“爱情来也匆匆，去也匆匆。经过这一段恋爱，我好像变了一个人似的，你看我平时性格跟男生一样，其实只是为了自我保护罢了。跟他恋爱的时候，我改变了很多，甚至有时候觉得那都不是自己。分手后，我发现我既没有变成他喜欢的样子，也丢失了原来的样子。

“我后来又遇到一段感情，可是我没有勇气去尝试，我不敢相信爱情了，我有些害怕了。经常会有某个瞬间，让我回想起以前，无论快乐不快乐，都充满了他的味道。

“这种感觉会让人心痛！你知道心痛吗？就像在你心头割肉一样。我真的不知道该感谢他还是该恨他！”

她边喝边聊，聊完之后又和我喝了一通。我没想到她所说的这些东西，关于爱情，关于异地恋，我很快就遇到了。或许每个人的爱情都大同小异，本质上都是那么回事。

这段感情很短，不过在我心里的位置并不低。我来到内蒙古，接触女生的机会并不多。工作的时候，周围都是矿工；出去玩，基本就我一个人。不过有时候爱情来得太快，就像沙尘暴，让人措手不及。

这个女孩叫琳娜，学习跳舞的，她身材很丰满，像一匹健硕的马。她的眼睛很大，头发和睫毛都是黄颜色的，看上去有点异域风情。

回想起刚认识的时候，我觉得很有意思。那天我开车去办事，路上突然遇到一个女孩。单从背影来看，削肩细腰，双腿修长，是美女的概率很大。我连忙开到她的前面，通过后视镜窥到了她的庐山真面目。

我心想，这脸长得也太对得起身材了吧！

我摇开车窗，故意朝外面左右瞅瞅，然后跳下车。这时琳娜正好走到我的身旁，我忙走上前，问道："你知道经贸局怎么走吗？"

她指了指前面，说："就在那儿啊，前面左拐。"

我看计划即将泡汤，便赶紧发动所有脑细胞想主意。

我一脸为难地说："姑娘，我是外地人，刚来你们内蒙古，你看你能带我过去吗？"

她很诧异地又说一遍："前面左拐就到了啊！"

我咬了咬嘴唇，说："要不这样吧，你带我去认一下路，我这人没有方向感，怕迷路。然后你去哪儿，我免费送你。"

她稍作思考，便走上车来。我心里暗爽，哈哈，还是我演技高超。金马金像奥斯卡，你们都欠我一个影帝！可我还没爽够，狐狸尾巴便露了出来，我竟然轻车熟路地开到了经贸局，而且停得稳稳当当。

我正要下车，她表情丰富地看着我，我这才发现自己露馅了。

她说："原来你认识路啊？"

我装傻充愣，说："啊？是……是吗？这路，挺不错的，柏油路。"

说完，我们两人都笑了起来。我什么意思她肯定明白，难不成非得让我打开天窗说亮话？后来，我们留了电话，谈了恋爱。

以前看过一本书，说人身上是有能量的，当两种能量比较相近的时候，会互相吸引。刚开始我觉得神神道道，还参悟了很久，最后一想，不就是爱好、兴趣、价值观比较相近嘛！

我和琳娜某些方面比较像，琳娜特别野，而且也喜欢探险。等到我们两人都空下来，她就会带我去沙漠里面玩。有时候我正在工作，她也把我叫出来，于是我就从"矿工"变成了"旷工"。

后来没过多久，琳娜要跟家人一起搬走了，她便过来找我，问我娶不娶她。她要搬走，那这不就是异地恋了吗？我想起了阿美跟我说的那些话。我说：“你要是走的话，我们就分手吧。”

琳娜听了之后，扭头就走了。我还纳闷，这不像她的性格啊，按照她的性格，至少得抓住我暴打一顿吧！可能是我低估她了，我还没想好怎么安慰她，她就满腔怒火地跑了过来。

她手持弯刀，压在腰间，问我：“小宝，你还跟不跟我分手？”

她拿的那种刀，就是古代蒙古族打仗用的弯刀，朝人身上来一下，估计就完蛋了。

我说：“先把刀收起来吧！”

她说：“你敢分手，我就杀了你！”

说完这话，我想起平时眼见的杀牛宰羊的场景。白刀子进，红刀子出，扑哧一下，血溅白练。俗话说冲动是魔鬼，更何况冲动的还是个女人呢！

好汉不吃眼前亏，我急忙认屃，逃过一命。从那时起我一个星期没敢回家，一直待在宾馆里面。

琳娜走了之后，我们刚开始还会联系，但后来慢慢就淡了下来。这段感情也没什么结果。对于异地恋，我觉得最关键的一点就是两个人对未来得有信心，而我并没有信心。

我不确定未来会发生什么，也不确定两人都能保证忠贞不渝，如果不能，何必多这一层束缚呢？

写博客
认识的女孩

在内蒙古时，我要么和工人们一起工作，要么一个人去探险。一会儿热闹非凡，一会儿孤独无比，一冷一热，一静一动，正好给了我思考的空间。

在人群中，我喜欢观察别人的一举一动。我感觉像看免费的小说或电影一样，既然艺术源于生活，那何不直接深入生活呢？人不可能平白无故地爱，也不可能平白无故地恨，当人有了情绪，便会通过动作和语言表现出来。

我会思考，别人为什么这样做，为什么这样说，从这背后能看出他们是什么样的人。到了独处的时候，这种思想便极其活跃。我时常感觉想法像泉眼里的水一样，噗噗地往外冒，捂都捂不住。

除了工作和探险外，我也喜欢读书。读万卷书，行万里路，这都是我的追求。很多人忽略读书的作用，因为很多人都是充满功利地去读书的。我倒是觉得，读书像交朋友一样，难道我们交朋友一定得从朋友身上得到某种好处吗？

读书不仅让人增长见识，也能激发人的思考。一本好书，就是一个世界，作者带着我们在这个世界里自由翱翔，引导我们进行一场彻头彻尾的思考。

思考的东西多了，就想记录下来，否则灵感稍纵即逝。几年前，我当兵的时候，在部队里写了两年日记。到了内蒙古，我不禁有了再次提笔的打算。网络时代来临，自然不需要再像以前那样手写了，于是我便去网吧登上 QQ，在空间里写日志。

我发现我除了想要表达之外，还渴望和别人交流。在现实生活中，我身边的人大多是大老粗，他们什么也不懂，甚至我们之间都有代沟。既然在现实中找不到朋友，那就去虚拟世界吧。

正好，此时有个名词席卷网络，那就是“博客”。刚开始听说博客的时候，觉得很洋气，最后才知道其实就是“网络日记”。只不过相比 QQ 空间，它的功能更加强大，也更加文艺。最关键的一点，它不单单是社交平台，更是一种媒介。

在博客上，不是我好友的人也可以看到我写的东西、我拍的照片。我想，世界那么大，即便是大海捞针，也总能找到一两个知己吧！

就这样，我开始了写博客的生涯。我写博客时，一般都会听着音乐，一来是网吧太吵，戴着耳机会安静一些；二来是我喜欢音乐，音乐让我更加清醒。

以前听某位作家说过，写作分为三个阶段：第一阶段是心中有话，想要表达出来；第二阶段是言之有物，以文载道，要写出流传千古的东西；第三阶段是找不到任何理由，但不写已经不行了，必须写下去。

我当时的写作应该处于第一阶段，直到今日，我好像还在第一阶段。不过这也不丢人，都是写作嘛。

除了自己思考的结晶，我还会在博客里写一些我幻想出来的东西。有时候感觉很荒诞，有时候感觉很滑稽，虽然写得不成熟，但我现在再也写不出那样的东西了。

博文发布之后，有些人觉得引起了他们的共鸣，便在留言栏给我留言。有些人不理解我，也给我留言，只不过大多是谩骂的话。

不久之后，我认识了许多朋友，我们在博客上写一些比较激进的文章，或者比较浪漫的故事，然后互相留言、交流。

我觉得激进和浪漫只是表面不同，其实实质是相同的。就像批判和赞美一样，批判的是假恶丑，赞美的是真善美。

在朋友的眼中，我是非常冷酷的，如果用“冷酷”形容比较抽象，那么也可以用两个词概括，即深邃和潇洒。深邃是因为我的思想，潇洒是因为我的行为。

他们觉得我很酷，整日在全国各地游走，今天兰州，明天呼市，像一个背包客一样。说实话，我一点都不潇洒，那都是公司派我去出差。

那个时候有三个网友让我印象深刻，直到现在，我都想再见见她们。也许大家已经看到了我用的是“她们”而不是“他们”，没错，都是女网友。

第一个叫“小WA”。她是一位很有才华的女孩，精神世界特别前卫，甚至很疯狂。她写的东西很吸引我，我觉得很有力量。

第二个叫什么我忘了，但我记得她是一个上海女孩。长相温柔婉约，文字是哥特式风格。她经常教我怎么做博客的版面、怎么放照片，还有怎么弄背景音乐。

第三个叫苏颖，她是学表演的，以前也玩过乐队，她是里面的键盘手。我们有很相像的爱好，比如我们都喜欢摇滚乐，甚至喜欢的乐队都一样，玛丽莲·曼森、皇后、枪炮与玫瑰、披头士，等等。

苏颖让我有了期待的感觉。我以前只是在想要表达的时候去网吧写写博客，而认识她之后，我会隔三岔五就想去网吧一次。我想看看她有没有给我留言，想看看我的留言她有没有回复。

我想知道她的世界是什么样子的，她也想知道我的世界是什么样子的。我想了解她天天在做些什么想些什么，她也想了解我天天在做些什么想些什么。我们就这样进行着精神上的交流，直到和她交流成为我生活中不可分割的一部分。在这方面，我可能达到了写作的第三阶段。

我不知道大家有没有这种感觉，当你和从未谋面的人相谈甚欢的时候，会特别激动，特别渴望下一次交流，甚至你会把对方当成你精神上的另一半。

过了一段时间，我们彼此比较熟悉了，我就加了她的QQ。用现在的话说，就是线上的东西该落地了。我们会关注着对方那里的天气，在阴雨天嘘寒问暖；我们会在节日的时候互相送上祝福，或者一起在网络上过节。

我特别想看看她长什么样子，但又特别害怕，我怕她万一和我想象中的不一样，我还会那样喜欢她吗？我不是一个以貌取人的人，但我了解自己，一旦现实和想象中有落差，我会躲避。

不过该来的终究会来，我还是鼓起勇气，提出和她视频的要求。视频就像一场手术，固然有病愈后的欢喜，但也要承受随时死亡的风险。

我记得我提出这个要求的时候，还被她说了一顿。她说："你真是肤浅，就知道看脸。"我笑嘻嘻地说："主要看气质。"她半推半就，最后还是开了视频。

我心里的石头终于落地，不仅落地，都在地上砸出了一个大坑。她比我想象中还要漂亮，还要仙儿。

视频聊天让我们的关系更进一步，我们聊的话题也从刚开始的社会百态转移到日常生活，又从日常生活转移到私密生活。

有一天，我和她正聊着天，她给我传来一些她去山上游玩的照片。我还没看完，她就发来了视频通话。

她问："你看了吗？"

我说："我看了啊。"

她问："你看出什么了？"

我说："看出了你啊。"

她说："我今天站在山顶上，冲着山谷大声喊了一声，李桢航，我爱你！"

我有点受宠若惊，有点蒙。

她说："我也不想隐瞒了，何必让自己受相思之苦呢。李桢航，我要去找你。"

我说："不可能。"

虽然嘴上说不可能，但是心里还是很兴奋的。怎么说呢，我都没见过她，自然谈不上多么爱她，但是觉得很难忘、很澎湃。用小学生的话说就是，我的心里有一头小鹿乱撞。

她说："我说可能就可能。"

我说："你要是来的话，很不方便。"

她说："那你就别管了。"

其实她说要来的时候，我真觉得是开玩笑的。从北京到我这里，路途遥远，不说一路妖魔鬼怪吧，也是够坎坷的。首先，要从北京坐飞机到兰州；接着，要从兰州坐火车到一个小镇；最后，小镇到我的住处要乘一辆大巴车。

大巴车我想起来就觉得可怕。以前我坐过那种大巴车，很破旧，连座位上面的垫子都布满了破洞。而且车上坐的大多是矿工，矿工基本都是五大三粗的汉子，说起话来唾沫星子乱飞，而且满车子都是汗味儿。他们有时候还会抽烟、嗑瓜子，弄得车里乌烟瘴气，满地都是瓜子皮。

记得有一次，我在冬天坐大巴车，车上有一个炭炉子。炭炉子上面有一个管道，从车头通到车尾，供大家取暖。我没有经验，将脚跷在了上面，没多久我突然感觉一股煳味。我起身一看，发现鞋子都被烫化了。

一个城市女孩，长途跋涉冒着危险来到小镇，接着还要乘坐大巴车，我想起来就觉得这是煮鹤焚琴。

直到某一天，我正呼呼大睡，表弟将震动的手机放到了我的肚皮上。我说正做着梦怎么突然地震了，原来是有人打来电话。我一看号码，是苏颖。

我说了一句“喂”，她没有出声，但我听到温柔甜美的女播音员说：欢迎来到兰州机场……

我掀开被子，穿着内裤从床上跳了下来，心想，哎呀，真来了！

梁实秋有句话很有名：“你来，无论多大风多大雨，我要去接你。”既然如此，那我就听梁实秋的吧。于是我申请了两千块钱，开着车去小镇的火车站接她。

她跑那么远来找我，我们最后有没有在一起呢？写到这里答案不说自明。大家发现我写前面两个女生的时候都是寥寥几笔，写她却用了大量篇幅。用脚指头也能猜出来，她成了我的女朋友。

人们常说，男追女，隔座山；女追男，隔层纱。这话有一定的道理，如果是我追她，一时半会儿估计还成不了。现在是她追我，那我肯定是束手就擒、坐以待毙，保证不会反抗。

很多人觉得女生追男生不好，容易让男生自以为是，毫不在乎女生的感受。没错，很多人确实是这样，爱得少的，便能高贵为王，能够在爱情中呼风唤雨；爱得多的，只能卑躬屈膝，俯首称臣。

很多东西放在别人身上就很有道理，而到了我这儿，就失灵了。有女生追我，我不仅不会一副高高在上的样子，反而会更加爱她。我不看我喜欢谁，只看最后谁陪在我身边。如果有人选择了我，我会觉得，我不会让你失望，我会证明你的眼光是正确的！

苏颖第一次来到内蒙古，也是第一次看到戈壁滩、沙漠。我是一个不喜欢重复的人，有些地方我去过了，便不想再去。所以我带苏颖玩的时候，就是漫无目的地瞎走，但我们都觉得很开心。

那段日子挺浪漫的，我们会带着凯奇在沙漠里狂奔，会一起弹吉他唱歌，会在夜晚的时候躺在荒凉的沙漠里看星星，然后说着动听的情话。那时我感觉连空气都是甜甜的，我喜欢和她在一起，也希望和她不分开。

愿望是美好的，但现实总是让人失望。俗话说，天下没有不散的筵席，很快苏颖就回北京了。她走后，我日思夜想，好像走进了没有温度的世界。我总是情不自禁地想起往事，然后悲喜交加。

我受不了每天触景生情的感觉，于是不久便离开了内蒙古。如果有可能，我想，我一定要再续前缘。

Three

追梦

健身房的日子

离开内蒙古的那天，我在博客里写了一句话：北京，你给我等着，我马上就杀过去！现在看起来很搞笑，像是要跟北京打架似的。

再次来到北京是意料之中的事情，但加速我回来的原因是想念苏颖。苏颖临走前告诉我，因为一个人，爱上一座城。如果不是我的话，她可能这辈子都不会去内蒙古。

我觉得这句话很有情趣，于是去北京的时候，我把同样的话说给了苏颖听。本以为她会感动得痛哭流涕，没想到她却说："得了吧，你以为我不知道你来北京是为了你的梦想啊！"

我还没来得及解释，她便问："我和你的梦想掉河里，你救谁啊？”我说：“我的梦想本领高强，能上天堂能入地府，怎么可能掉水里呢！”她噘着嘴，说：“哼，你都不问我为什么掉水里！”我无言以对。

苏颖还是很懂我的，我去北京的根本原因是为了追求梦想，但对我来说，梦想和她缺一不可。

我喜欢健美，想做健身教练，便去了工体附近的一家健身房。通过打听，原来做健美教练还需要考证，考证需要四千多块钱。

我没那么多钱，便从销售开始做起，也就是卖会员卡。我买了一辆很酷的山地车，每天都骑着车子把我的名片和宣传册挨家挨户送到周边的店里。很多人不愿意理我，觉得我是个推销东西的，从心里就觉得高我一等。

说实话，这还是挺打击人的自尊心的，但我必须脸皮厚，不能为了面子不做。那时我也明白了一个道理，当你为了面子放弃自己的利益的时候，你是不够成熟的。

凭借着这种不要脸的气魄，我很快就有了一片领地，那些店里基本都有我的名片和宣传册。我因此也不用每天跑出去发传单了，而是直接等着别人给我打电话。就这样，我每月都能成为销售冠军。

后来，我发现网撒得比较大，可转化率并不算高。通过实地调研，我向经理提出一个建议，不如免费发放一次体验卡。大家拿到体验卡之后，肯定会觉得不来体验就跟吃亏了似的，而来了一次之后，就有机会留住客人。

这一招很好用，生意很快火爆起来，经理因此也得到了一笔奖金。经理为了表扬我，便让我做了教练助理。

既然可以留在健身房，那么我正好可以利用这个平台锻炼身体，于是我开始了疯狂的健美之路。我挺能吃苦的，为了保证摄入的热量不超标，我都不敢吃油腻的东西。我经常去超市买鸡胸肉，然后用微波炉加热一下，熟了之后加点盐直接吃。

虽然我没有做成健身教练，但是至少可以健美。我每天做着自己喜欢的事情，感觉挺开心的。可谁知道这时感情方面竟然出了问题。

我到北京后，和苏颖同居了，每天的生活就是上班下班，买菜做饭，刷锅洗碗。我发现原来爱情并没有那么美好。在想象中，爱情应该飘在云端，可在现实中却是扎根土地。在想象中，爱情应该一尘不染，可在现实中却是满路泥泞。我快疯掉了。

记得有一天，我照常下班回家，回到家里发现苏颖没有做饭。她坐在床上，对我翻着白眼。她用一种很不理解的语气说："你天天这么拼命健身，有什么用啊！"

她这句话让我很失望："别人不理解我可以，可是你是我女朋友，你应该支持我做我想做的事情啊！而且，我并不是在健身，而是在健美！"

在我看来，健身只是健美的初级阶段。健美不是一味地追求把肌肉练大，也不是一味地追求力量，而是通过锻炼，使自己的肌肉看上去线条清晰，饱满美观，整体很协调匀称。

我苦口婆心地说："我是在健美，不是健身……"

没等我说完，她便说："你跟我谈恋爱，还是跟道理谈恋爱！"

我感到很无奈、很生气："不让我健美，可是你呢，天天让我陪你喂小兔子。有时候不喂小兔子了，就开始看电视剧，还大多是狗血偶像剧。特别无聊，没有一点意思。"

我以前认为，找女朋友不能找太有故事的，因为自己未必驾驭得了。如果实在找不到合适的，那就找一个单纯幼稚一点的，至少不会扰乱自己的情绪。那时才明白，太过幼稚了也不是好事。

苏颖比我小几岁，还处于梦幻之中，可我早已走进现实。而且像我这种没有背景、没有金钱，在大城市漂泊的年轻人，爱情对于我来说是十分奢侈的。它像一辆豪车，即便你耗尽金钱买了回来，也未必养得起。

李志有一首歌，叫作《天空之城》，里面有句歌词“爱情不过是生活的屁，折磨着我也折磨着你”。既然在一起开心，那么就在一起，如果某天发现在一起只会互相折磨，那不如痛痛快快地分开。

大概半年后，这段感情就画上了句点。这么多年来，我发现感情从来都是让人伤心的东西，无论两个人的感情是好是坏，都是如此。感情好，便担心出轨，担心失去，担心给不了对方幸福的生活；感情不好，便时刻处于失落的旋涡中。

感情常常和事业放在一起，要么感情事业双丰收，要么感情事业双失败。这就好比高中数学教材上面的函数单调性一样，增函数步调一致。有句话说，男人改变世界，女人改变男人。不得不说，女人的力量还真是不容小觑。

正是因为感情问题，我的工作受到了影响。苏颖搬走后，我一时感到空虚寂寞，每当晚上独自一人面对着空荡荡的房间，看着两个冷冰冰的水杯，我就感到一阵心酸。

有时候会莫名其妙地傻笑，莫名其妙地难过。曾经一起去过的地方、吃过的店铺，都会慢慢变成伤疤。在以后的日子里，稍不留神便血流不止。

我开始害怕见到有回忆的地方，即便再美，即便那里的东西再好吃。我也曾想过再联系一下她，甚至手机短信都已经编辑好，但后来又一个字一个字地删掉了。

毫无疑问，失恋影响了我的情绪，让我无法安心工作。我不愿意带着这种情绪上班，所以没多久就辞职了。辞职的导火索自然是感情问题，只是还有两个深层次的原因。

首先，我在健美行业工作这么久，感觉其实也就那么回事。有时朦朦胧胧才是最好，看清了真面目，反而没有那么美了。我看我们的经理赚的钱也没有那么多，我即便取而代之，又能怎么样呢？

还有一个很重要的原因，那就是我觉得我根本不属于健身房。在这里，我接触的人大多是朝九晚五的上班族，不管是同事还是顾客，他们只在乎一个月能赚多少钱，周末去哪个餐厅吃个饭。他们需要一种安定的生活，而安定对我来说简直就是毒药。

记得我辞职前，我的同事还给我送行，我们一起吃了饭唱了歌。同事之间自然有着感情，但我知道，我们是两个世界的人，彼此只是过客。迄今为止，如果在街上看到他们，我想我是不会上去打招呼的。这倒不是说我端着架子，或者看不起人家，而是我觉得没有这个必要。

大家走在不同的路上，打了招呼聊聊天也没什么意义，即便再次成为朋友，又怎样呢？这么多年的生活迥然不同，口中的话题也不一样，能聊的只是过去，而我根本不想回到过去。

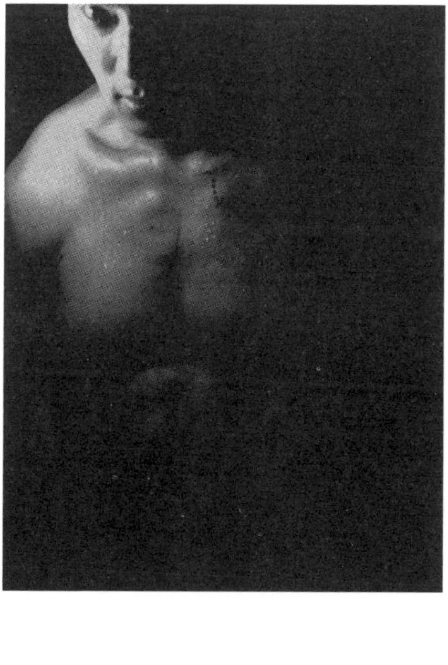

看似潇洒的酒吧歌手

我不知道是因为恋旧而感情丰富，还是因为感情丰富而恋旧。直到我感情依然丰富，只是不那么恋旧了，我才明白两者并不存在什么必然关系。恋旧就像童心，随着年龄的增长，会慢慢淡化。

我以前是个非常恋旧的人，有人说只有年纪大了才有资格恋旧，我不敢苟同。我觉得只要有故事，多大年龄都可以恋旧，即便我只有十岁，难道我不能怀念五岁的时候吗？

我喜欢去曾经待过的酒吧，回忆一下做吧员和歌手的日子，但后来发现并没有曾经的感觉。我也发现，其实我怀念的并不是某个地方或者某个职业，只是当时的那种感觉而已。

上学时看过一个历史故事，讲的是明朝开国皇帝朱元璋小时候家境贫寒，他为了混口饭吃做了和尚，在一次化缘时喝了一碗“珍珠翡翠白玉汤”，也就是剩饭白菜豆腐汤。朱元璋觉得是美味佳肴，做了皇帝后怀念这种味道，便让御厨做给他吃，但他感觉并没有以前那么美味了。

逝去的感觉难以追寻，所以到了后来，我就不那么恋旧了。或许通过上面的只言片语，大家已经猜出了我的下一份职业是什么，没错，就是酒吧歌手。

我一直以来都特别喜欢听歌，即便是在做其他事情的时候。我是一个可以一心多用的人，比如写东西的时候我需要听音乐，而且越听越有灵感。听得多了，就想哼唱几句，甚至想创作歌曲。

我从健身房辞职时正好是冬天，天气的寒冷和现实的失意让我感到孤独。不过我也知道，天下没有免费的午餐，想要追求自己的生活，付出代价在所难免。

我做酒吧歌手前，有一个简单的面试，就是弹弹吉他，唱几首歌。我觉得老板还是最看重外形，好像我在无形之中又夸了自己，但这都是大实话。话说回来，做一个合格的酒吧歌手，也并非想象中那么简单。五音不全、不识乐谱肯定不行，除此之外，还要天天扒谱子、练吉他、背歌词、练嗓子。

酒吧歌手看似清闲，唱几个小时就完事，其实没有那么潇洒。什么白天浪迹天涯，晚上嗨爆全场，这都是骗人的。因为要唱到深夜，回到家都已经很晚了，而且晚上还会失眠，经常凌晨四五点才能入睡。

我住在经济技术开发区，每天晚上就穿着一件黑色的羽绒服，背着吉他，然后打黑车去酒吧。那时候没有打车软件，价格也不透明，每次还要讨价还价。

我上班前会稍微化个妆，因为酒吧光线很亮，脸上有一点瑕疵都会被无限放大。我最喜欢画眼线，把自己打扮成视觉系摇滚的那种风格。

可能很多人没有听过这个名词，所谓的视觉系摇滚，就是利用华丽夸张的造型来展现自我。日本的视觉系摇滚乐队特别夸张，他们经常染着不同颜色的头发，穿着不同寻常的服饰。我们中国也有这样的乐队，比如 Lilith 乐队、琉璃蔷薇乐队、南无乐队也有这种特点。

刚开始登台的时候我有点紧张，尤其是聚光灯打到脸上，我会手心冒汗，甚至声音也有些颤抖。我唱的歌大致分为两种，一种是比较有力量的摇滚，一种是民谣。至于歌的风格，大多是偏悲伤的。

某位作家说，只有悲伤的人才会笑。来到酒吧的客人看上去很欢乐，其实有些人的内心并不快乐，他们在我的歌声中找到了自己想要的东西，就很乐意听我唱歌。有时候会遇到失恋的人，他们听着听着就开始啜泣起来，一时间酒吧里弥漫着沉闷、痛苦的气氛。

有一天，老板拉着我说："桢航，你这情绪不对啊，咋还把人唱哭了呢？我承认你唱得不错，但是能不能换一个风格，欢快一些，大家要快乐嘛。"

我说："不能。"

老板说："那这样的话，我们只能做朋友了。"

酒吧歌手是流动的，在各个酒吧串场，离开这家酒吧，我便去了其他酒吧寻找机会。结果遇到的问题大同小异，老板都觉得我唱的歌曲太过悲伤，不符合酒吧的氛围。面对这种压力，我微微做出了一些改变。

酒吧是个很神奇的地方，人与人的关系让人捉摸不透。也许在酒精的麻醉下，两个人可以很快成为朋友，也可以很快大打出手。酒吧虽然叫作酒吧，但大家来这里并不单纯为了喝酒，比起喝酒，社交更加重要。

每个客人都好像演员一样，推杯换盏，搂搂抱抱。我发现客人根本不在乎我的吉他弹得多么好，也不在乎我唱得多么动听，他们只是想让我配合着他们的表演。我演得好了，客人高兴，就会给我点小费。老板的酒水卖得多了，也高兴，就会多给我点工资。

我演唱比较嗨的曲子时，酒吧会配备其他乐手，比如鼓手、键盘手。我们在一起演奏，但并没有乐队的感觉，我们更像是车间的工人，为了生产出一样产品彼此配合一下。如果其他酒吧给的钱多，那么他们可能明天就不来给我伴奏了。

我慢慢觉得，这仿佛和音乐无关，我不需要练习唱歌，也不需要想着怎么改编歌曲。说实话对我而言这样反而更轻松，我只需要迎合老板和客人就好了，他们让我唱什么我就唱什么，他们让我怎么唱我就怎么唱。钱越来越多，可我的心却越来越不安。

我开始陷入沉思。比起生活的窘迫，我更加受不了内心的不安。我不想成为任何人情感宣泄的工具，也不想为了任何人而活着，为了金钱而活着。我要表达我自己，我只唱我喜欢的歌曲。最终，我选择了离开。

回头想想，有些事情让人感慨万千。比如我在台上唱歌的时候，有些喜欢我的女孩会上来敬酒，然后索取我的联系方式。其实她们什么想法我也知道，但我不相信这里的感情，没有感情的性是不值一提的，也是我嗤之以鼻的。

有喜欢我的，就有不喜欢我的。还有一件事让我印象深刻。有一天店里来了一个客人，我正唱着歌，他突然开始刁难我。由于我做事认真，水平还行，因此应对自如。

他看难不倒我，便说我声音太吵，让我小点声。我压低声音，他又说听不见，让我大点声。我知道这分明是来找事的，只是我不知道我想安安静静唱个歌，你怎么无缘无故找事呢！

看着他在那里神气十足，一脸坏样，还骂骂咧咧，我上去就跟他打了起来。正是因为这事儿，他诋毁我，说我耍大牌。迫于无奈，我只得离开那家酒吧。后来我才知道，原来他是那家酒吧另一个歌手的好哥们儿，那个歌手怕我抢走他的地位，故意找人找我麻烦。

我感觉很可笑，既然我已经走进你的生活让你愤怒、被你诋毁，这说明你在嫉妒我。诋毁本身就是一种仰望，我不屑一顾。我坚信一个道理，狗不会咬一个死人，你来咬我，说明我还有点价值。

不管别人喜欢我还是不喜欢我，我就是我，我有自己的个性。我不想因为任何事情而妥协，我不想在最美好的年纪弄丢了自己。

DJ 和
文身师

写这篇文章之前，我正好和一些朋友谈论关于职业的话题，人们选择职业跟什么有关呢？

学历高的朋友说，跟大学所学专业有关。闲云野鹤般的朋友说，都是偶然的，遇到什么做什么。我承认他们说的都有道理，只是我觉得职业跟兴趣爱好相投才是最美的事情。

我在前面提起过，人总会成为自己想要成为的人。回顾我多年来的历程，仿佛印证了这个道理。我小时候喜欢音乐，后来便做了酒吧歌手，组了乐队；我喜欢画画，便做了文身师，开了饰品公司；我喜欢电影，便做了演员。

做酒吧歌手的时候，我遇到了一个引人思考的问题。

以前关于工作，我认为要尽量选择自己喜欢的，而那时我发现即便做了喜欢的工作，还是会遇到麻烦，毕竟头上还有个老板。

其实想想也是，老板雇用你，不是来实现你的梦想，而是来实现老板自己的梦想的。自己如果没有绝对的把控权，工作的时候很难不受其他因素左右。做酒吧歌手如此，做 DJ 也是如此。

辞掉酒吧歌手的工作之后，我的生活一度很窘迫。虽然辞职时很过瘾，但是面对没有收入的日子，还是感到心里没底。为了填饱肚子，我再次找了一份工作——DJ。

为了更好地进行工作，我还买了“先锋”打碟机。我这个人就是这样，凡做一件事情都很认真，即便是抱着玩玩的心态。比如养鱼，我会查阅大量关于各种鱼以及如何饲养的资料，然后买一堆相关的东西。

做 DJ 的工作时间和做歌手差不多，白天休息，夜间活动。工作内容主要是利用打碟机和混音台，剪接一些我喜欢的歌曲。有时我还会尝试一下制作，当然那时还处于初级阶段，只是把歌曲做成舞曲。

我虽然很努力，但按照现在的话说，就是“然并卵”。没过多久我就被开除了，还是那个原因。我喜欢电子音乐，尤其是纯音乐，可很多顾客喜欢听 Hip-Hop、R&B，他们讨厌没有歌词的东西。

我觉得好的电子音乐不需要人的声音，单纯的旋律就有很大的力量，它能使人思想飞跃。我喜欢这种感觉，我需要这种感觉，只不过老板不需要，老板需要做生意。

对于音乐，我一向有自己的品位，而不是人云亦云，跟风随大流。我在酒吧的 DJ 同事，他们放的音乐基本都是从舞曲排行榜里找的，很流行，大家也爱听。我觉得很庸俗，或许庸俗也是一种价值吧。

有句话说得好，世界上没有怀才不遇，只有不孕不育。我在做 DJ 的日子里，有些人非常喜欢我，他们会在舞池里嗨起来。而我离开后，他们便通过一些渠道联系到我，邀请我去他们的 party 上打碟。

毕竟偶尔给 party 打碟只能算一份兼职，收入也不稳定，我就想着在白天再找一份工作。由于我晚上要很晚才能回去，次日上午要补觉，因此我要找的必须是自由工作。说来也巧，一次偶然的机会我做了文身师。

我跟苏颖分手后，虽说心里还会阵痛，但时间一长就慢慢好了。我慢慢回到原来的生活，饿了就一个人吃点东西，困了就蒙着头睡一觉。不过我是个注重仪式感的人，我偶尔还会想起苏颖，总想留下些关于她的点点滴滴。

我清楚地记得，她脚踝有一个文身，于是我便打算在我脚踝上文一个情侣的图案。文身是一辈子的，是不可磨灭的印记，爱情也是。我知道随着时间的流逝，我们终将渐行渐远，甚至某天都会忘记彼此的容貌。不过那时还有文身提醒我，我们相遇过，我们相爱过。

文身之后，我突然之间感觉身上多了一个东西，性格开始发生改变。我剃了个光头，形象跟以前相比大为不同。可能很多朋友没见过我之前是什么样子，那时我的形象是奶油小生，头发梳得很好，穿着衬衫，十分帅气。

也就因为这次文身，我走上了文身师的道路。我去了一个文身店，想拜老板为师，他看完我画的画后，欣然答应。我开始有了不错的收入，一个月两三万块钱。

我做文身师接触的人和做健身接触的人属于两个世界，一个是自由世界，一个是牢笼世界。这也让我看明白了，我究竟想要什么样的生活。我不清楚我到底要做什么工作，但我知道大概有那么一个方向，那就是自由。

我和朋友玩的方式很不一样，我们玩出了自己的生活态度。我们去听摇滚现场，去开赛车。我们拿着相机去地铁上、山上拍照。我们能够精准地找到宣泄情绪的口子，让自己处于快乐之中。

通过我之前的文身经历大家也能看出来，文身的人一般都有一段故事，我的客人也是如此。他们之中，有的人像我一样想保留一些回忆，有的人只是单纯为了酷，也有的人受了什么刺激，一时冲动。其中有两个客人让我印象深刻。

第一个客人是一个其貌不扬的小男孩，十几岁的样子。他戴着眼镜，穿着廉价的大西装，看上去很不得体。他走到店里时，我还以为他是来搞笑的。

他冲着师傅说："我要文身！"

师傅上下打量他一眼，说："我们这儿文身挺贵的。"

他说："那我也文。"

师傅问："你想文什么啊？"

他字正腔圆地说："江湖混，讲义气。"

我听到这儿的时候，差点笑出声来。一个小孩，竟然还说什么江湖、义气，估计古惑仔电影看多了，或者受了什么刺激。

师傅对我说："你给他文吧。"

我拿好家伙什儿，让他趴在床上。我问："小兄弟，你做什么的啊？"

HARLEY-
DAVIDSON

他说："我在外面混的。"

话音未落，我憋不住笑了起来。这就好比一个五大三粗的男人装可爱、年事已高的女人装嫩一样。

我接着问："那你混什么呢？"

他稍作思忖，说："你就文吧！"

我看他这么小，也不像真心真意想文身的，说不定今天文了明天就后悔。我是一个有良心的文身师，这文身只要文好之后，其实是洗不掉的。所谓的"洗文身"只是把文身变成一片疤痕，根本就不会恢复如初。

我说："咱们话先说在前头，这文身洗不掉，要一辈子带在身上。你别后悔。"

他说："不后悔。"

我心想，什么后悔不后悔，他自己能做什么主？我得拯救一下这个行走在危险边缘的孩子，昧着良心的钱，我不能赚。

我说："你想清楚了？"

他说："来吧。"

没想到我遇到了硬茬，我故意把针头调长，想让他知难而退。我说："想文身就要付出点代价。"

说着，我开始文了起来。因为是汉字，所以难度并不大，几个小时后我开始上色，这时他疼得受不了了。

他吸溜着嘴，说："哎呀呀，太疼了，我不文了。"

我说："你不是江湖混吗，怎么连这点疼都受不了呢？人家砍你一刀你都得受！来，继续。"

我刚说完，他呜呜地哭了起来，然后穿上鞋子就跑了。他跑得很快，连钱都没有付，不过我也没有追上去。我觉得拯救一个孩子比钱重要得多。

第二个客人是一个欧洲女人，她身材很丰满，像是成熟的蜜桃。我问她想文什么，她一开口就把我吓呆了，她竟然要文一朵有枝蔓的花，要求从胸部一直文到阴部上方。

我正想着怎么下针的时候，她就脱了上衣站在我面前。我有些不好意思，脸上飘起一阵绯红。

我说："你好，可以把衣服先穿上吗？"

她说："不，我就不。"

我给她文身的时候，不由自主地欣赏着她的身体，我发现她的身体真是太美了、太性感了。那种美让人变得很单纯，不夹杂任何污浊的欲望，没有任何生理反应。我怀着紧张而激动的心情，认认真真文了好几天才文好。

后来，我在这一行做得还算不错，师傅说像我这么好的苗子要好好发展。就在这时我有些动摇了，我在各行各业都想保持自己的风格，可现实让我遍体鳞伤。

比如做文身师，难道我想文什么图案就文什么图案吗？这显然是不可能的，我得按照客人的要求来文。我想在文身的时候保持激情，但发现这也是一个奢求。文身需要很长的时间，甚至二三十个小时才能文好，这极大地消耗了我的精气神。

因为如此，我不久后就提出了辞职。尽管师傅感觉很惋惜，可我还是想体验不同的职业，寻找真实的自己。

我开了酒吧

我有一个朋友，前几年做编剧，现在转型做了导演。有一天我问他："怎么转型了，是不是当导演赚得更多啊？"这本是一句玩笑话，可他却较真起来了。

他吹胡子瞪眼，说道："李桢航，你怎么能这么看我！难道我在你心目中就是这样的形象吗！"我赶紧打马虎眼，说："没有没有，我随便问问！"他微微昂首，说："你不知道，做编剧看起来不错，但其实并没什么地位。你以为写好了剧本最后就会按照你写的演吗？图样图森破，谁不爽了都能改一下！"

这位朋友说得很对，不过做得还不到位。即便是做了导演，在影片的整体把控上更有话语权，可上面还有制片人、投资方啊！所以要想全心全意按照自己的意思干，还得自己当老板。这个道理我在做酒吧歌手的时候就明白了，因此没过多久，我就决定自己开酒吧。

可能会有朋友感到很疑惑，你之前一会儿做这个一会儿做那个，看起来颠沛流离，哪来的钱创业啊？这大家就有所不知了，钱不是偷来抢来的，而是我一分一毛挣来的。我做文身师和做 DJ 给人家 party 打碟时，其实赚到了一些钱，不算多但也不少。我就是带着这些钱走上创业之路的。

我想开酒吧，第一步就是选址。我在北京也混了很多年了，再加上对酒吧又比较熟悉，所以心中有了几个理想之地。我去了 798 艺术区、五道口、后海、三里屯、鼓楼，每个地方都有自己的优势和特色，我最终选择了南锣鼓巷。

说实话，从商人的角度上讲，在鼓楼开酒吧并不是最划算的，因为南锣鼓巷的房租很高。相比之下，其他地方的房租要低一些，但我偏爱南锣鼓巷。那时我住在三里屯，我平时喜欢去南锣鼓巷玩儿，喜欢由南到北穿过整条巷子，一边走一边看看人们的生活状态。

南锣鼓巷是文艺青年的栖息地，生活在这儿的人大部分从事的是自由职业，譬如摄影师、作家、画家、音乐人等。这儿也是原创音乐的核心地带，何勇的《钟鼓楼》写的就是鼓楼。除了何勇，崔健、窦唯、张楚对这儿也有很深的情结。

我记得还有许多中央戏剧学院的学生住在南锣鼓巷，他们经常三五成群地在街头表演戏剧，看起来艺术范十足。巷子两边店铺的老板，他们开个花店、咖啡厅也不是纯粹为了赚钱，赚的钱只要能养活自己就行，主要是一种情怀，主要能做自己喜欢的事情。

或许是这儿的文艺气息吸引了大批文艺人士，也或许大批文艺人士的聚集造就了这儿的文艺气息，总之我非常向往。我想，我也要过这种生活。

租好了地方，下面就是取名和装修了。取名这事儿我不擅长，但是也不能乱取，万一玩砸了后面再改就很麻烦。怎么办呢？机智的我请了一位风水大师。他留着长须，戴着复古的眼镜，看起来像模像样。

我问："大师，给店取名字多少钱呢？"

大师捋着胡须说："千儿八百不嫌多，三十五十不嫌少。"

我掏出三十块钱，说："给。"

大师看了看，撇着嘴说："我话是这么说，但你也不要这么耿直啊，小伙子！"

我笑了笑，说："看看我满不满意吧，满意了再给你加钱。"

大师问了我的生辰八字，然后开始算了起来，他一会儿眉飞色舞，一会儿摇头晃脑。

大师问："你喜欢什么字？"

我说："大粪的'粪'。"

大师吸了吸鼻子，露出尴尬的表情，他问："还有呢？"

我说："暴力的'暴'。"

大师摇摇头，问："还有呢？"

我说："浑蛋的'浑'。"

大师叹了一口气，说："要是用这些字，你就不用开张了。这样，我取几个名字你挑一个吧。"

最后大师取了三个名字，分别是"酒圣魂""梦酒谷""宜金坊"。我考虑良久，决定要"宜金坊"，于是我的酒吧便叫作"2012 宜金坊"。

至于为什么要加上"2012"，大家可能也猜到了，因为当时盛传2012年是世界末日。我觉得每一个来我酒吧的人，都要把那一天当作世界末日来释放自己、寻找自己。

因为这个名字，我还遇到过一件不愉快的事儿。酒吧开张不久，有个男人带着一个女人走了进来。他微微弓着腰，乜斜着我。他摆摆手，示意我过去，我走到他跟前，他不屑地说："2012，啧啧，玩世界末日啊？怎么着，你还想演一出？"说完，他哈哈大笑起来，女人也跟着捂嘴偷笑。我平生很讨厌男人当着女人的面表现得很牛的样子，我偏要杀杀他的威风。

我先是没有回答，而是走到吧台，拿了酒单和几瓶昂贵的酒。我把酒放在他的面前，说："来，你们坐这儿喝酒，我给你演。"男人嘴里嘟囔着，不吱声了，我说："你点吧，随便点，我演。"

见他不说话，我指着他的胸口说："你要是不喜欢我的店，你可以不进来，但你进来就要尊重我。"他连忙道歉，说："哥们儿，我不是这个意思，我还有点事，改天再来。"说完，他带着女人灰溜溜地走了。

取好名字，下一步就是装修了，我装修的理念就是混搭。我在酒吧门口弄了许多绿色植物，看上去就像是森林的入口一样。酒吧前台摆放着许多金属玩偶，玩偶的两边是几尊佛像，有种佛陀普度众生的感觉。

酒吧的灯光五彩斑斓，火树银花。酒吧内部除了酒水以外，还摆着一个摩托车模型和许多乐器。酒吧有几个包厢，风格融合了古代和现代的，既有镂空的窗子和纱幔，也有沙发和吊灯。

比较与众不同的是，我在酒吧养了蜥蜴、蛇和鸟。我会在门口的小黑板上写着酒吧占地多大、店里都有什么，尤其会特别介绍一下养的动物。

我记得有一个哥们儿在附近开店，他每天路经我的酒吧的时候，都很好奇，但他又胆小，不敢进来看看。他经常对我说："兄弟，你这店里怎么还有蛇呢！红花的还是草花的？不会是蟒蛇吧？"每次看到他探头探脑的样子，我都想哈哈大笑。

做老板的感觉很好，能肆无忌惮地将自己的思想和风格注入酒吧里面，而且不需要看任何人的脸色。做老板也会有很大的压力，因为经营好一家店并不容易，一不留神就可能出问题。但我想不容易才有挑战性，要是很容易的话又有什么意思呢？

酒吧的经营

生意人分为两种，一种是天生的生意人，一种是后天由于机缘巧合而成为生意人。我身边有不少天生的生意人，他们的特点是商业嗅觉非常灵敏，哪里有钱赚，吸吸鼻子就能闻出来。这种生意人不局限于某个行业，一个做房地产的，看到影视行业有商机，就可能投资电影了；一个做电影的，觉得餐饮行情不错，也可能去开餐厅。

第二种生意人的商业嗅觉相对来说不是那么灵敏，甚至和普通人没有差异。只不过由于在某个行业做出了一点成绩，或者纯粹是热爱某个行业，从而投身于商业的道路。

我属于后者，我做生意更多地基于热爱，而非单纯地赚钱。或许在生意的规模上和财富的积累上我达不到特别高的高度，但我根本不在乎。我不在乎能赚多少钱，钱就不会扭曲我的思想。做热爱的事儿，好好做，争取做好不就行了吗？

我装修好酒吧之后，就进入了宣传期。因为酒吧比较偏僻，在一个胡同里面，所以很多人根本不知道。怎么办呢？我想了想，觉得要想让自己的产品火爆，必须下好两步棋。

第一步是要让别人通过各种渠道知道酒吧的存在，要是都没听说过，那还经营什么。第二步是保证产品和服务的优质和独特，这是重中之重，如果产品和服务一塌糊涂，那么宣传做得再好也无济于事。

有鉴于此，我做了三件事情。首先，我去了很多酒吧考察，把自己酒吧的环境做到了在南锣鼓巷数一数二。其次，我把酒水做得颇具特色，很好喝。最后，我开始进行宣传，打算把“2012 宜金坊”的名号打出去。

我宣传的方式很不一样，一般人宣传，无非就是雇两个人站在街头发传单。这样的效果并不好，可能很多人连看都不看一眼。而我找了几个高颜值的哥们儿，我们根本不用张嘴说话，也不用点头哈腰，就有源源不断的人过来索要传单。而且自己人办事总要靠谱一些，至少不会把传单扔掉。

传单发完后，当天晚上酒吧就满了。我本以为一劳永逸，从此生意就上了轨道，后来才发现我想多了。原来大家只是图个新鲜，而且很多人就来体验一下，根本没几个回头客。连续好多天，我一天的营业额只有十几块钱。

理想和现实又出现了很大的落差，不过没关系，我也是见过世面的人了，不至于被这点事情打倒。

既然生意不好，那么我就想着怎么才能让它变好。我稍微改变了一下酒吧的格局，因为很多人从胡同经过的时候都不知道这是干什么的，他们看还有什么蜥蜴、蛇之类的，不知道的以为是动物园呢。然后我孜孜不倦地宣传酒吧，钻研着怎么调制鸡尾酒。

终于，功夫不负有心人，酒吧的生意慢慢好了起来。我也明白了，凡事都有个过程，有些东西是急不来的。顾客越来越多，这时我就琢磨着不能那么单调，老是喝酒也没意思啊，我的酒吧又不是那种嗨吧。我喜欢音乐，于是就在酒吧的角落搭建了一个小舞台，没事的时候就和客人唱唱歌。

后来因为音乐，我认识了一个朋友，在这里就称他为孟兄吧。他长得像女人，当然这句话不是贬义，男人像女人说明很好看。他皮肤很白，眼神迷离，烫着一头卷发。他喜欢抽烟、喝酒、烫头，不知道会不会说相声。他手指上戴满了戒指，手腕上还有一个银手镯。

我在台上唱歌的时候，他就在台下直勾勾地看着我，看一次两次还没事，可连看一个月就让我心里发毛了。后来，他跟我说很喜欢我，我突然感到有点害怕，他该不会是同性恋吧？我想到了以前在酒吧当吧员的日子，说喜欢我，这其中必定有诈。

为了打消疑虑，我对他进行了一番考察。一般来说，同性恋都属于外貌协会，喜欢帅哥。我问孟兄："如果某一天我变丑了，你还喜欢我吗？"他一脸惊讶，然后慢吞吞地说："我没那么庸俗，只看长相。"我心里慌了起来。

我问孟兄："你最近有时间吗？能不能一起逛街、看电影，一起看烟火，如果不介意的话，我们穿情侣装啊？"问完，我满心期待地等着他的回答，如果他说"好啊"，我肯定会十秒钟消失在他面前，而且永远不跟他见面了。他愣了半天，说："你神经病啊！"

我听他说罢，哈哈大笑起来，看来他所说的喜欢我只是欣赏我的意思。经查实，孟兄并不是一个同性恋。既然如此，那我就可以放心地和他做朋友了。

孟兄非常喜欢音乐，他说音乐是上天赐给人类最伟大的礼物，每个人都和音乐亲密接触过。我们算是志同道合，我也知道了他之前听我唱歌原来是看看我的水平怎么样。他觉得我还不错，便带我见了在鼓楼甚至在整个北京玩原创音乐玩得最好的人。等熟悉了之后，他们也会去我的酒吧喝酒、唱歌。

那段时间我特别开心，每天弹弹吉他、唱唱歌，仿佛过上了神仙一般的生活。知己难寻，这句话千真万确。我孤独了很多年，见过无数个和我意见不合、思想不同的人，但知己寥寥。

这样的日子来得很快，不过去得也很快。我那时已经开始玩微博了，而且还挺活跃的。没过多久，有个综艺节目就通过微博找到了我，说想邀请我参加节目。刚开始我是拒绝的，但后来由于各种原因我还是答应了。

上了节目，我积攒了很高的人气，成了当时的台柱子。我的微博粉丝开始如火箭一般猛涨，微博评论和私信纷至沓来，我一时间难以习惯。正因为如此，酒吧的生意更加火爆，生意好了，反而丢失了之前的朋友。

很多粉丝闻名而来，这在无形之中破坏了酒吧的氛围。朋友一看，怎么来了一帮小孩儿啊，还都是女孩子。其实我也知道，他们不是客人，也不会喝酒，他们属于粉丝冲着偶像来的。因为这个，我的朋友就不去酒吧找我玩了，他们说我那里太怪了。

我有了点所谓的名气之后，很多人问我做了明星，感觉是不是很好。要名有名，要利有利，不用为很多事情发愁了。其实他们都不知道，看起来好的，并没有那么好；看起来不好的，恰能自得其乐。

我举个例子，我以前喜欢早晨起来的时候，穿着睡衣走到楼下坐在椅子上，喝着咖啡晒着太阳。可后来我就不敢了，我怕稍不留神就被人看见，或者被人拍下照片传到网上，然后大加议论。大家把我当成公众人物，但我并没有这样看，只是环境推着我改变自己。

很多喜欢我的女孩子给我写信，说想见我，甚至直接来到酒吧。在她们眼里我是明星、是偶像，说实话我不喜欢这种感觉。对于她们签名、合影的要求，我一般都拒绝，当然这也遭到了很多人的谩骂。我还要解释，我只是个追梦的人，我没资格给你们签名，也没资格和你们合影。

我承认上天很眷顾我，也感谢节目给我带来的光环，但这种生活给了我很大的束缚。

房东的阴谋

可能看了上一篇文章，很多朋友会羡慕我的命运，觉得我做着自己喜欢的事的同时就把钱赚了。其实我没有按照时间顺序来叙述开酒吧的事情，事情也不是那么一帆风顺，在选地址的时候我就经历了一次很大的打击。

我的房东头发稀疏，但喜欢喷啫喱水，然后把头发往后梳。他眼睛不大，法令纹很深，整天笑呵呵的。我租房子时，北京房价上涨的趋势很猛烈，我担心房东大涨房租，便提前和他商量了一下。房东答应我不会涨太多，于是我放心地签了合同。租期是五年，前两年房租不变，我预先交了两年的房租。

等我刚刚装修好酒吧，突然有个人跑过来问我要房租，

他说房子现在属于他。我以为他是碰瓷的，便掏出二十块钱打发他走，可他竟然拿出了和房东的合同。合同显示，房东也把房子租给了他，并且他像我一样交了房租。

见到此状，我十分恼火，但我并没有将房子给他。没想到过了一段时间后，又有一个人来要钱，这时我才知道原来房东把房子租给了三个人。我被迫卷入了钩心斗角的旋涡。

不知道大家感觉乱不乱，我稍微捋一下。A 要在明年租房东的房子，为了不涨价，他提前预定并交了三年房租。到了第二年，房东把房子租给我，我又交了两年房租。这样一来，房东收了五年的房租。另一个人也被这样套了进来。

这给我带来了很大的麻烦。因为房子当时在我手里，所以东窗事发后，A 和 B 便来找我。我自然不会妥协，于是劝他们去找房东退钱，谁知房东死皮赖脸就是不退，还油嘴滑舌地忽悠大家。但他大概没有想到，出来混总要还的。

有一天，我正在酒吧给吉他调音的时候，房东突然给我打了个电话，说想请我喝茶，聊聊事情。我听完之后心情大悦，我想房东真是开窍了啊！

我出门后，按照他给我的地点找了过去，可越找越不对劲，当我走进一个胡同，进入一个院子里时，才发现这哪里是什么茶馆！我往前一看，屋子里静悄悄的，我感到头皮一阵发麻。没等我转身离开，就被几个五大三粗的人拦住了，他们把我带到了堂屋。

进去后，我看到有个膀大腰圆的光头背着手，站在香案前。他一挥手，一群人上来就围住了我。没错，我上当了。我喘着粗气，狠狠地瞪着旁边的房东。

我说："不是叫我喝茶吗？！"

房东缩着脖子，指了指桌子，只见上面果然有一杯茶，还冒着热气。

光头笑了笑，说：“小兄弟还想喝茶啊！”

后来我才知道，虽然房东很无赖，但A也不是吃素的。房东不退给A钱，A便请来一些流氓地痞威胁房东。光头不仅索要房东欠A的钱，而且还加了很多利息。两人各不相让，僵持不下，房东妻子早亡又没儿子，便给我打了电话。

往大了说，我像个外交官一样；往小了说，我就是个和事佬。既然没有生命危险，我就逐渐放松下来。我开始和他们聊了起来，聊天内容如同明枪暗箭，每一句话要是放在语文阅读题目里，都能难倒一大批学生。

我是个善于察言观色的人，有些话不说透我也明白。经过一番了解，我摸清了双方的底牌。事情到了这个地步，房东不是不愿意退钱，而是不甘心多退。而光头的诉求呢，就是帮A要回来房租。根据我的推测，光头应该从A那里得到了一些好处费，至于利息就是唬人的，能多唬一点钱就多唬一点钱。

双方底牌摆在眼前，我便开始进行调解。我对房东说：“钱该退得退，不能老是捏在手里。”然后又对光头说，“A找你办事，你办成了好处还少得了吗！你非得要那么多利息，房东给不出来也没办法啊，还不如大家各退一步，海阔天空，怎么样？”

见光头不说话，我继续对他狂轰滥炸。经过一番洗脑，光头想通了这件事，便欣然答应下来。在我的调解之下，房东全身而退，光头帮 A 要回了房租。

俗话说帮助别人，快乐自己。俗话还说，赠人玫瑰，手有余香。本来吧，我帮了房东，虽然不期望他给我免房租啥的，但是至少态度得转变一些吧。但令我没想到的是，房东非但没感谢我，反而咬了我一口。简直就是现代版的农夫与蛇。

一年后我的酒吧做火了，房东十分眼红，便不顾约定把房租从每年十五万涨到了五十万。那时恰逢我母亲第一次得大病，正是用钱的时候，我苦口婆心地跟房东说明情况，请他不要太过分。可他置若罔闻，丝毫不考虑我的感受。

我说：“要涨也可以，涨一倍吧，三十万，已经不少了。”

房东操着一口标准的北京话说：“甭跟我打马虎眼，您生意这么好，还不全凭我的房子啊！我就指着这房子吃饭呢！”

我好说歹说，房东就是不留余地。过了一段时间，不知为何房东换了一副嘴脸，他不逼我交钱了。一看我就知道，他又找到了新的房客坑。

他看我年轻，想把我挤走，想让我吃哑巴亏，于是便弄了一个什么协议让我签字，内容我已经忘了，反正就是让我先退出的。

房东说："小李啊，你看，你签了字呢，我把这些事都处理好，然后再租给你好不好？"

还问我好不好，当我是三岁小孩啊！我感觉这就是大灰狼和小白兔的故事，可惜我是不会开门的。不开不开就不开，妈妈没回来！

我说："签字的事情别着急，我考虑一下再签呗。"

房东点了点头。

我觉得对付坏人，要比他们更坏。既然你不仁，那就别怪我不义。我表面上答应他，是为了安抚他，让他放松警惕。当他觉得我是个傻瓜的时候，我暗度陈仓，一招将他拿下。

房东之所以退钱给了 A，是因为 A 在"道上"有人，而 B 就没那么幸运了。他面对房东的丑恶嘴脸，也不敢轻举妄动，像是等着房东良心发现似的。

我私下找到 B，跟他说："打官司吧，告他！"

B 支支吾吾，有些踌躇。

我说："告他准能赢，不然你这些钱是要不回来的！"

在我的引导之下，B 去了法院告房东，而结果不出我所料，B 赢了官司。可谁能想到，房东不要脸到这种程度，法院判他退钱，他竟然还是不退。

我突然想到一个好主意，房东不是要涨房租吗？那正好，我就来个一箭双雕。我和 B 再次来到法院，我跟法官说："我提供一个线索，我马上要交房租了，我现在把钱先交给法院，然后法院再把钱给 B。"

法官说："你愿意让法院扣留你的钱吗？"

我说："我愿意。"

法官说："那你签个字吧。"

最终，事情按照我的设想发展，B 得到了他应该追回的钱，我也交了没涨价的房租。房东得知真相后，整个人就像崩溃了一样，他开始找人去我的酒吧闹事。

别说，我还真不怕，你来硬的，我比你还硬。你不是让人家搬东西吗，那我就报警说你抢劫。后来房东看对付不了我，便哭了，我心比较软，就和他坐下来聊。

他在那儿哭穷，说没什么钱了，自己孤家寡人很可怜。我出于同情，就把二楼让给了他，他可以再租给别人。可我万万没想到，事情刚过去几个月，他再次给我涨房租，这次是狮子大开口。我感觉又被他套进去了。

再后来我就不干了。不干的原因还有一个，这是核心原因。我在前面的文章中说过，我上节目之后，有很多粉丝不远千里来酒吧。他们为了见我一面而去喝酒，我良心过意不去。这个钱，我不想赚。

记得有一次，店里来了一个女孩。她二十出头，化着淡妆，眼睛很大。她上身穿着白色的小夹袄，下面穿着打底裤和短筒靴。她说想见我，而我并没有出现，然后她就不停地喝酒，从傍晚喝到了深夜。

到酒吧打烊的时候，她早已喝得烂醉，连走路都要扶着墙。她走出去不远，我突然听到挣扎的喊叫声，原来有几个小流氓正对她拉拉扯扯，想图谋不轨。我急忙上去把他们轰散，并把那个女孩扶起来。见她无法走路，我便送她到了酒店，可这事儿竟然被几个流氓拍了下来。

后来，他们给我微博发私信，要挟我，说要是我不给他们钱，他们就把照片公布。我最讨厌别人的要挟。我身正不怕影子斜，你公布，那就公布吧，又能怎么样呢！

最后这件事也没给我带来多大的影响，但我已经不想继续过这样的日子了。我感激每一个支持我的朋友，我不希望他们因为我受到什么伤害。我思前想后，还是关闭了酒吧。

组建航乐队

以前走在大街上，或者乘坐地铁的时候，我总能看到大家戴着耳机听着音乐。无论男的还是女的、老的还是少的、外国的还是国内的，都是如此。由此可见，音乐的魔力无法阻挡。

每个人都需要精神生活，精神无处安放会让人空虚无聊，觉得这个世界索然无味。我喜欢音乐，喜欢听音乐的感觉，仿佛与世隔绝，完全沉醉在自己的情绪中。

在开酒吧的时候，我会为客人唱歌助兴，也会和志同道合的朋友做一些看似比较疯狂的事情。不管白天还是黑夜，我们一起喝酒聊天，弹琴唱歌。那时候我们的身份各有不同，有的是音乐人，有的是酒吧老板，有的是调音师，但我们因音乐走到了一起。

有一次，我唱歌的时候，一位新疆朋友主动上台为我伴奏。他琴技娴熟，弹的曲子特别浪漫。我一曲唱罢，他走上前来，提出想和我一起玩音乐。他觉得我是个有故事的人，而音乐存在于故事中，也表达着每一段故事。我听完很兴奋，一个专业的音乐人要和我一起玩音乐，说明他看得起我。

2014 年，我们正式组建了乐队，乐队名字刚开始叫作“李桢航与乐队”，后来直接改成了“航乐队”。我们把自己看到的、听到的、内心感受到的东西都写成歌。渐渐地，我们找到了自己与世界对话的方式，找到了生活的载体。

我们在人群中选择了沉默，用音乐为自己代言。因为要创作歌曲，参加排练，所以乐队的其他人纷纷辞掉了自己的工作，为了乐队过上了勒紧裤腰带的日子。

从客观上说，生活得简单一些，欲望也相对少了许多。从主观来说，我们每个人都付出了一定的代价。但我觉得我们的决定是对的，虽然经济上拮据了一些，不过很快乐。

我也在为自己不是一身铜臭气而感到庆幸，至少我找到了自己。我把很多钱用在了排练室的录音设备上，这也许是处女座的通病，做什么首先行头得到位。

对了，写到现在我还没向大家介绍一下乐队成员呢。可能很多人听乐队只听主唱的，主唱集万千宠爱于一身，但其实每一个人都是不可或缺的。所以很多乐队主唱在演出结束后，会向观众一一介绍乐手。

我们的主音吉他手就是那位新疆朋友，我叫他图哥，他是中国最资深的佛拉门戈乐手，曾担任王力宏、艾斯卡尔与灰狼等很多当红大牌乐队的吉他手。他是个谦虚温和、追求浪漫和真实的水瓶座男人，每一次听他的吉他 solo 我都有很大的触动。

我们的经纪人、调音师是之前说起过的孟兄。他是职业经纪人、演出策划人、独立音乐人，也是蓝溪酒吧创始人之一。酒吧营业以来，负责所有现场演出策划与执行，因此他掌握了十分丰富的独立音乐人及乐队资源。

我们的萨克斯手是吕兄，他自幼学习萨克斯，毕业后只身来到北京，早在那时他就和朋友组建了 Dimo 独立乐团。除了负责萨克斯，他还担任乐队的编曲和录音工作。

我们的彩色打击乐手和和声是木木兄，他和许多知名的音乐人合作过，有着丰富的表演经验。他很洒脱，喜欢原生态的音乐，常年游历在各民族部落。

我们的节奏吉他手和主唱是李桢航，也就是我。至于我的经历这里就不多说了，我相信看完这本书之后你会有所了解。

乐队对我的意义非比寻常，其实经历了这么多事儿，我内心有很多愤怒和憋屈的东西。我努力地去压制自己的负面能量，可有时候一不注意就触碰到那根最脆弱敏感的神经。还好乐队抚慰了我的情绪，让我暂时可以安放那颗不平静的心。

我承认我和乐队成员也有过冲突，我们为了排练而争吵，为了啤酒而翻脸，甚至为了女人而大打出手。但我们既然能走到一起，就说明我们的身上有着相似的东西。

我们的音乐理念是一样的，我们不想做娱乐大众的产物，也不想做精神领袖，我们只是希望成为听众的粮食而已。我们的音乐不仅仅要带给听众快乐与感动，而且还要唤醒彼此的灵魂。

在我们的世界观里，干净的音乐是高级的精神营养，它的存在胜过科学和哲学。生活是单调的，充满着很多美好或者不美好的东西，这些都需要一种美好的载体去记录。

出于这种理念，我们创作了两首歌，一首叫作《寻爱记》，一首叫作《石头》，歌词都是我写的。人家常说，写作者笔下的东西都是内心的反映，无论是写别人的生活还是写自己的生活，其实都是从内心出发的。

《寻爱记》通俗易懂，可能很多刚来大城市打拼的朋友会产生共鸣。其实这首歌写的就是我那时候的状态，渴望爱情，渴望实现梦想，对未来充满了期待。

而《石头》相对来说晦涩一些。我觉得人类的生命反复轮回，在生命的尽头，有一种极度的空虚和无力感。石头虽然生来孤独，没有生命，不能说话，但它能看透世间一切。每一次唱《石头》，我都会感到内心震撼，那种莫名的孤独感侵蚀着我身上的每一个细胞。

值得一提的是，我们这两首歌，当初在各大音乐排行榜都位于榜首，并成了各大音乐门户网站的热点。这是让我很骄傲的事情，直到现在我还津津乐道。由此可见，即使不刻意迎合听众，只要歌曲本身好，照样会受欢迎。

最后，附上两首歌的歌词：

寻爱记

我带着梦想与幻想的爱情，去往大都市的路上

我心中满怀着憧憬与希望，情书和干粮在我的行囊

都市的浮华让我无法想象，我站在人群中额外地慌张

这里的人额外地繁忙，每张面孔几乎都一样

我已经走在了爱情的路上，我已经触摸到你伪善的脸庞

我们伴着那皎洁的月光，在爱的路上我们放肆地舞蹈

可如今我忘却了你的脸庞，我只记得我走在路上

因为这不是我们的家乡，因为你不是家乡的姑娘

你说我充满了幼稚的理想，何时给你穿上那

富贵的衣裳

我说我终会实现我的梦想，但你轻盈地消失在人群中央

你说我愤怒不羁像风一样，何时能让你住上花房

我说让你幸福得像花儿一样，因为我不想像他们一个样

你说我充满了幼稚的理想，何时给你穿上那富贵的衣裳

我说我终会实现我的梦想，但你轻盈地消失在人群中央

你说我愤怒不羁像风一样，何时能让你住上花房

我说让你幸福得像花儿一样，但我不想像他们一个样

因为我不想像他们一个样

石头

我们生活的城市，看起来那么的荒芜

我们所经历的遭遇，看起来那么的匆忙

这城市像一个巨大的子宫

它孕育着我们丑陋又伟大的欲望

我们总是互相伤害互相纠结背叛着

我们又互相原谅着包容着宽恕着

我的眼睛日渐地混浊，我的生命在一点一点地逝去

我觉得我是全世界最寂寞的孩子，我觉得这个世界都他妈的疯了

为什么每一个人表情都是一样的

我从来没有觉得如此的紧张和害怕

我想变成天上的雨水或石头，我也想变成你的梦

那雨水是我，秋天那泛黄的树叶，它是我

你那美丽的噩梦，它是我

你那绝望的世界，它是我

天上那炙热的太阳，它是我
你丢弃的纸屑，它是我
你那炙热的心中，它是我
地上那黑色的石头，它是我

我的眼睛日渐地混浊，我的生命正在逝去
为什么每一个人表情都是一样的
我从来没有觉得如此的紧张和害怕
我觉得我是最寂寞的孩子
我觉得这个世界都他妈的疯了
那天上的雨水，它是我
秋天那泛黄的树叶，它是我
你那美丽的噩梦，它是我
你那绝望的世界，它是我
天上那炙热的太阳，它是我
你丢弃的纸屑，它是我
你那颗炙热的心，它是我
地上那黑色的石头，它是我

重组乐队好吗

有一次演出的时候，主办方告诉我一件很有意思的事情。他说当天有两位女歌迷一时失去了理智，堵在后台等我出来，可那时我并没有在后台。我们到了之后是直接从大门进去的，很多歌迷见了我们也只是打个招呼，并没有表现出疯狂的样子。

其实这才是地下音乐的正常状态，我们作为原创音乐人，并没有把自己当作炙手可热的明星，同时歌迷也很少把我们当明星。很多人耳濡目染，见惯了明星受到粉丝的热情拥簇，觉得喜欢一个人就应该激动、应该疯狂。

但对于地下音乐来说，这些都不重要，因为做地下音乐的人根本不在乎虚无缥缈的东西。我做音乐，没有想过红了怎么样，而是想着如何创作出具有思想性和音乐性的作品。

甚至我做音乐都不是为了所谓的回馈歌迷，就是纯粹地表达自我。我认为有人喜欢我们的歌曲，是一种偶然的缘分。我很享受这种自由的状态，既不会因此扰乱自己的生活，又能用音乐和歌迷交流。

因为我们做的是独立音乐，比较反对商业包装，所以也就没有签约任何公司。只不过我们在音乐榜上取得了不错的成绩，很多歌迷都想听听我们的现场。按照市场理论来说，有需求方，就有供给方。

孟兄有一些朋友是搞演出策划的，他们就开始帮我们牵线搭桥，让我们走上各大音乐节的舞台。每一次演出，我都能看到喜欢我们的歌迷，他们非常热情，好像我们的家人一样。看到他们，我的心里也不禁暖暖的。那时候我也觉得，有人喜欢自己，是自己的福分。

我们虽然接了一些演出，但说实话并没有赚到多少钱，一是演出费本来就不算高，二是我们玩心比较大。每当演出过后，我们都会在那个城市吃喝玩乐一番，甚至还会去周边的城市旅游。

我们会在不同的火车上谈论未来，在不同的路边喝酒唱歌，在不同的草地上躺着看月亮。我还记得有次去了鲁迅的故乡绍兴，我们坐在小河边，看着小船来来往往，十分惬意。

只不过到了后来，音乐市场鱼龙混杂，原创音乐越来越不好做。我们乐队也因为现实问题遭到了重创。我们演出的收入不算可观，但我们每个人都投入了很多时间和精力。

为了乐队，我们每个人都改变了许多，尤其是图哥。图哥四十多岁，但内心是一个天真单纯的艺术家。他经济状况不怎么好，母亲又病危，现实压得他喘不过气。他是少数民族，普通话说得不好，和我们沟通起来有时会存在一些障碍。我们无法走进他的内心，他也无法表达自己的情绪，便只能通过弹吉他来释放自己。

我们被所谓的“现实”和所谓的“物质”牵绊着，我们努力地抗争，努力地挣扎。可理想终究没有抵挡住现实的摧残，慢慢地，我们就不怎么相聚了，像是彼此心照不宣，乐队也名存实亡。

到了现在，大家各自走在各自的路上。孟兄感到很疲倦，他去云南开了酒吧，致力于原创音乐的推广。图哥几乎销声匿迹，他把自己封闭起来，不愿意跟我们见面。他说自己的状态不好。木木已经不玩音乐了，他现在在鼓楼开了一家饰品店，过得挺开心的。吕兄还坚持着音乐梦想，只是我们最近很少联系。

至于我，他们觉得我很年轻，又有想法，对我寄予了很大的希望，可这让我喘不过气来。因为个人感情问题，我已经消耗了内心所有的能量，我疲惫不堪，做很多事情的时候都觉得力不从心。

乐队从组建到解散，一路走来不容易。我依然爱着音乐，我相信其他人也爱着音乐。如今我们分散在全国各地，但我相信我们还会相聚。等到相聚的时候，我一定会问问大家，重组乐队好吗？

“航器”银饰

以前我做 DJ 和文身师的时候，就开始迷恋并且收集银饰，因为我觉得它是世界上最有魅力的金属。它融合了复古与华丽，具有一种超越时间的独立特质。它擦拭后的光泽华丽无比，胜过黄金和其他一切金属的光泽。

我收集的银饰胜过我的乐器，毫不夸张地说，我之前赚的钱有一半用来买了银饰。每次买回来后，我都会把它装进小盒子里，和我拔掉的智齿还有收集的汽车模型放在一起。这是我生活的一部分。

要说起我为什么做银饰，还是因为我的前女友。我记得那时西单有家卖珠宝的店铺，店里有一条项链，吊坠是纯银的十字架，我非常喜欢。我问售货员：“这个多少钱？”

售货员说：“一万八。”

我有点吃惊，问：“一条黄金的项链也没这么贵啊，这怎么这么贵呢？”

他得意扬扬地说：“因为这是外国人设计的。”

我说：“中国人设计的就很便宜吗？”

他不屑一顾地说：“人家法国人的创意，国产货能比吗？”

听他说这句话，我赌气说道：“不是我买不起，我有钱，但我就是不买！”

直到后来我过生日的时候，我的前女友说要给我一个惊喜。她用一块布蒙住我的眼睛，然后我感觉脖子上凉凉的。她将布拿下来后，我瞬间惊住了，原来惊喜就是那条项链。我先是一阵欣喜和感动，转而就有些不开心了。

前女友问：“你怎么生气了？”

我没有回答，但我感觉很憋屈。我当初不买就是咽不下这口气，你现在买回来，那我这口气岂不是不咽也得咽了？我不想让这个钱被外国人赚去！一万八，这个价格深深地伤害了我。而且那个店员作为一个中国人，在中国的店铺里，竟然用一种崇洋媚外的口气跟我说话。

我内心有个想法开始萌芽，我想，凭什么外国人设计的就高人一等？凭什么中国人就设计不出来这样的银饰？既然中国缺少这样的银饰，那么就由我来做吧。我一定要做出高品质的东西，然后卖给外国人。当然，这倒不是因为我有狭隘的爱国情绪，而是一种不服气的精神。

我这个人做事情一向雷厉风行，有了这个想法后我就在酒吧做了起来。因为刚开始我不会设计，所以就直接从外面批发了许多银饰，然后率领全部员工——其实只有一名员工——进行 DIY 手工搭配。

我把自己搭配的银饰图片发到微博，于是有很多朋友问我，到哪里才能买到？在北京的朋友很方便，可以直接来我店里，但外地的朋友就鞭长莫及了。我思前想后，最终决定开网店，同时将银饰店从酒吧独立出来，并取名叫“航器”。

虽然现在网店发展得不错，是拥有十万左右客户的优质皇冠卖家店，但在创立之初并非如此。

俗话说，木秀于林，风必摧之。我生意刚有点起色的时候，就有心怀叵测的人前来捣乱。我记得在“双十一”那天，我们的银饰在一瞬间就被拍光了，我和员工都很激动。可等了好几天，都没有收到款，这时我才意识到被人整了。他们把东西拍了，然后不付款，其他客人想买但显示没有库存了。

还有，供货商看我生意不错，便以各种借口涨价。经商的人都知道，成本增高了，一系列的问题将会接踵而来。我如果听之任之，那么难保他们不会变本加厉，这样的话我就会成为案板上的肉，只能任人宰割。最后，我决定开一个航器 loft 加工厂，自产自销。

事情总是那么不顺利，加工厂成立后，由于员工操作失误差点倒闭。我急忙补救，可淘宝还要封我的网店。其他工厂虎视眈眈，想要收购我，还威胁我说，你要是不答应，我就把你的品牌搞臭！

对于这种下三烂的手段，我嗤之以鼻。最终因为粉丝的支持，以及我做了一些促销活动，信誉重新回来了。

我相信天道酬勤，也相信品质才是硬道理。“航器”发展到现在，已经成了很多客人首选的银饰品牌，而且我们去年还成立了“李桢航私人订制工作室”。工作室拥有自己的设计师，我们走出了只能进行 DIY 搭配的时代。

一年来，工作室完成了上千件的饰品设计。风格总在改变，但不变的是坚持手工原创和宣扬中国文化的态度，以及充满阳光的能量的品牌理念。在未来，我还会继续坚持着这样的态度和理念，设计出更好的饰品回馈顾客！

代后记
突然就长大了

年少的时候，我时常感慨身不由己，仿佛身处一张巨大的网里，也像火车一样行驶在固定的轨道上。

我们会按照家长、老师，甚至是世俗的眼光、死板的规则做出种种选择。即便有自己的想法，只要不被认可，最终也只是镜中花、水中月。

童年时期，面对破碎的家庭，我想让一切慢慢变得好一些，可无能为力。我出去打工，人家不敢招收我。等大了一些，心中梦想的轮廓渐渐清晰，我想去北京发展，却又遭到母亲的反对。

小时候总想要长大，可随着年龄的增长，又开始怀念小时候。在不知不觉中，我们突然就长大了。这个过程没有明确的界限，并非说十八周岁之后就长大了，有些人年逾古稀也依然是老顽童，也有些人则是少年老成。

从一方面看，长大不仅是年龄的变化，更是生活阅历和感悟的堆叠；而从另一方面看，长大也是我们逐渐对这个世界认识得更清晰的反映。在这一点上，我深有体会。

小时候，我们很单纯，单纯得像一层白纸。上面画上什么，我们就是一幅什么画。一个棒棒糖、一件新衣服、一场游戏就能让我们开怀大笑。我们生活在自己的情绪中，显得是那么真实、可爱。

但后来一切都变了样子。很多人为了适应社会而改变自己，如果不改变自己，就有可能在社会中处于劣势地位。而且很多人都有巨大的欲望，而他们的欲望又往往大于自己的能力，于是在追逐欲望的时候把自己弄丢了。

小时候，我们对这个世界充满希望，我们相信不管梦想多么遥不可及，我们都有机会实现它。我们喜欢童话，因为我们渴望童话里的美好，我们相信童话最终会变成现实。

可真实情况呢，童话慢慢破碎。我们被爱情、被工作伤得死去活来，开始怀疑童话是不是骗人的。其实童话从来没有骗过人，童话的功能只是承载着我们心底最深层的希望。

小时候，我们生活在家人的保护之下，虽然有时会感到不舒服，但这种安全感是无法磨灭的。无论我们遇到什么危险，只要家人知道，就会不顾一切地挺身而出。

逐渐地，我们或主动或被动地脱掉了这层保护壳。常言道，人生不如意事十有八九，我们生活在外，多多少少会遇到一些烦心事。我们不再哭哭笑笑，开始善于隐藏自己，变得不爱不恨。

……

当这些转变发生的时候，我们就会意识到，我们突然长大了。长大的我们要去伪存真，笑对生活，坦然接受一切。我们不能因为某些不好的东西就觉得世界是灰色的。我们所经历的一切都是成长的一部分，无论好坏，都要一并接受。